Wohin?
Warum?
Wie war's?

Azoren
Privat nach Pico
und São Miguel

Ute Fischer
Bernhard Siegmund

Ein Buch aus dem

Redaktionsbüro Fischer + Siegmund
In den Rödern 13
64354 Reinheim

Fotos: Ute Fischer (23), Bernhard Siegmund (22)

Das Buch wurde nach bestem Wissen zusammengestellt. Für die Richtigkeit der beschriebenen Angaben wird keine Gewähr übernommen.

ISBN: 978-3-7412-8040-5

Jede Verwertung des Werkes außerhalb der Grenzen des Urheberrechtsgesetzes ist unzulässig und strafbar. Dies gilt insbesondere für Übersetzung, Nachdruck, Mikroverfilmung oder vergleichbare Verfahren sowie die Speicherung in Datenverarbeitungsanlagen.

© 2018 Ute Fischer + Bernhard Siegmund
Herstellung und Verlag: BoD- Books on Demand, Norderstedt

Wohin – warum – wie war's?
Unsere Reise auf die Azoren

Vorwort

Dies ist kein übliches Reise-Buch. Zwar waren wir als Reisejournalisten Jahrzehnte lang unterwegs und geübt in Reiserecherche und Reisereportagen. Doch diese Geschichte ist eine private, nicht unbedingt objektiv, sondern eher stark subjektiv, wie man eben private Reisen empfindet. Das spiegelt sich nieder in den Flops und Tops, die wir erlebten. Kurz: Wir haben uns als Reisende selbst aufs Maul geschaut, uns selbst zugehört und unsere Gefühle reflektiert, ohne Rücksicht auf irgendjemanden und irgendetwas, außer auf uns selbst.

Azoren ist bereits das zweite Büchlein dieser Reihe und trotzdem das erste. Als wir nämlich zurück kamen, suchten wir nach einer Antwort auf die Frage: „Wie war's?" Wer selbst auf den Azoren war, weiß, dass es darauf keine einfache Antwort geben kann. Klar. Schön war's. Und aufregend. Und ganz anders als erwartet. Das alleine wäre aber ein ärmliches Fazit und könnte nicht einmal ansatzweise beschreiben, wie unsere Azoren-Reise verlief. Wir haben sie selbst gebucht, Baustein für Baustein. Und es lief nicht alles so, wie geplant. Wir mussten improvisieren und auch Lehrgeld bezahlen. Trotzdem ist es für uns unvorstellbar, die Azoren als Pauschalreise zu buchen. Auch wenn wir nicht alle touristischen „Points of Interest" gesehen haben: Wir hätten Vieles versäumt, was die Azoren so unvergleichlich macht.

Fahren Sie doch einfach mal selbst hin!

Ute Fischer + Bernhard Siegmund

Wohin?

Elke besuchen auf den Azoren. Wo liegen denn die? Auf der Europa-Karte sind sie nicht zu finden. Viel zu weit draußen auf dem Atlantik. Auf der Weltkarte sehen sie aus wie ein Fliegenschiss in neun Klecksen. Mitten im Atlantik zwischen Amerika und Afrika. Im Internet auf Google-Maps lässt sich das etwas besser darstellen. Allerdings schweben dort über der Insel Pico ständig Wolken und erschweren das Erkennen.

Auf Pico also, der Insel mit dem gleichnamigen höchsten Berg Portugals, fand unsere langjährige Freundin Elke eine neue Heimat; genau genommen Elke und Oli, ihr Partner, der schon vor zehn Jahren dorthin emigrierte, um ihrer beider Alterssitz für den Ruhestand vorzubereiten. Als langjährige Pressesprecherin der Messe Cebit in Hannover hatten wir häufig berufliche Kontakte, später in den 15 Jahren als Press Officer des Hong Kong Trade Development Council in Frankfurt trafen wir uns hauptsächlich privat.

Als richtige Powerfrau und gut verdienende Managerin beschränkte sie sich jahrelang auf ein Mini-Auto und eine kleine Wohnung, um möglichst viel Geld für den Ruhestand auf den Azoren zusammenzukratzen. Dann löste sie ihren Hausstand auf und nahm die Rente mit 60 in Anspruch.

Von Beginn an informierten wir uns über die Jahre gegenseitig mit teilweise recht langen und reichlich bebilderten E-Mails über unser Leben. Die Bilder zeigten Elke und Oli in einem bescheidenen Häuschen mit abenteuerlichem Gärtchen.

Oli baute derweil nebenan unermüdlich an ihrem Traumhaus. Wir hier auf dem europäischen Festland hatten aber trotzdem wenig realistische Vorstellungen, wie ihr Leben mitten im Atlantik verlief. Sie schrieb von Partys mit den Nachbarn, von der Mühe, Portugiesisch zu lernen, auch mal, dass Deutsche im Zeichen der Eurokrise gar nicht so gut angeschrieben Sind. Den Gedanken an einen Besuch auf den Azoren schoben wir aber immer wieder vor uns her. Elke kannte das. Etliche Freunde hatten ihr schon angekündigt, sie zu besuchen. Daraus wurde nichts. Als treue und anhängliche Freunde wollten wir das nicht auf uns sitzen lassen.

Im Frühjahr 2015 platzte irgendwie der Knoten. Elke schickte Fotos vom Hausbau, von einer Terrasse und von einem Ferienhaus, das sie für dessen Besitzer betreute. Wir kauften einen Reiseführer und ließen uns von den ersten Kapiteln und schönen Landschaftsaufnahmen begeistern. Von da ab ging dann alles doch ziemlich schnell. Aus dem Wunsch wurde eine Sehnsucht; die befriedigt zu haben, erfüllt uns heute noch mit Glück und erquicklichen Erinnerungen.

Neun Inseln aus Vulkanfeuer geboren, ragen wie ein Minikosmos zwischen Amerika und Europa aus dem Atlantik. Über 2000 Kilometer sind es nach beiden Kontinenten, 1500 nach Portugal. Hier, wo sich die zwei Kontinentalplatten reiben, bebt fast täglich die Erde. Seit 1958, als die Insel Faial Feuer- und Lavaregen abbekam, hat es allerdings keinen Ausbruch mehr gegeben.

Eine Viertelmillion Menschen leben auf den Azoren; etwa 150000 auf der Hauptinsel São Miguel; der Rest verteilt sich auf die kleineren Inseln. Sie sind unterteilt nach drei Gruppen: Die Europa am nächsten liegende Oriental-Gruppe umfasst die Hauptinsel São Miguel und die Miniinsel Santa Maria, die außer von ein paar Tauchern, Surfern, Fossiliensammlern und Wanderern wenig touristisch frequentiert ist, wenngleich es einen Flughafen gibt, der von Lissabon angesteuert wird.

Zur Zentral-Gruppe, die wirklich in der Mitte des gesamten Archipels liegt, gehören Graciosa, Terceira, Faial und Pico, alle mit Flug- und Fährhäfen ausgestattet. Ganz im Westen und damit den USA am nächsten, leben Flores und Corvo als sogenannte Okzidental-Gruppe einen Sonderstatus als UNESCO-Biosphärenreservat. Speziell Corvo besteht nur aus der 400-Einwohner-Stadt Vila Nova (mit Übernachtungsmöglichkeiten) und einem riesigen erwanderbaren Vulkankrater. Das Besondere an Flores sind die sieben Kraterseen zwischen zerfurchten Gebirgszügen und zahlreichen Wasserfällen; ein Paradies für Wanderer und Hobby-Ornithologen. Hier ist man schon mehr auf Tourismus eingestellt.

Die Azoren gehören seit Inbesitznahme der einzelnen Inseln zwischen 1432 und 1450 zu Portugal; seit 1976 sind sie eine autonome Region mit eigenem Parlament. Entdeckt hatte sie allerdings bereits 1345 ein Mönch aus Sevilla auf der Rückfahrt von den Kanarischen Inseln. Christoph Kolumbus ankerte 1493 bei der Rückkehr von seiner ersten Atlantiküberquerung in einer Bucht von Santa Maria. Angeblich haben ihn die portugiesischen Siedler nicht besonders freundlich empfangen.

Im Verlauf der Geschichte erlangen die Azoren wirtschaftliche Bedeutung durch Orangenanbau, Wein und Walfang. Ein Schädling verursacht die Aufgabe der Orangen Ende des 19. Jahrhunderts. Die Bewohner konzentrieren sich nun auf Ananas. Als dann noch der Walfang verboten wird, wandern viele Azorianer nach USA und Kanada aus, weil sie keine Perspektive für ihre Familien sehen. Besonders in

Toronto soll geradezu ein Nest von Azorianern sein. Viele der Zurückgeblieben hängen danach am Tropf ihrer Verwandten in Übersee. Die Ausgewanderten und ihre Nachkommen kehren jedoch in großer Zahl während der Sommerferien zurück, wenngleich deren Kinder kaum noch portugiesisch sprechen, um sich mit der Uroma und den Tanten unterhalten zu können.

Das wichtigste wirtschaftliche Standbein ist heute die Viehwirtschaft, hauptsächlich Rinderzucht und Milchprodukte. Thunfischprodukte werden überwiegend nach Italien exportiert. Der Tourismus hält sich in Grenzen. Etwa 20000 Deutsche kommen jährlich, zunehmend auch Niederländer, Spanier und Schweden. Die Hälfte der rund 10000 Gästebetten befindet sich auf São Miguel.

Geologie

Den vulkanischen Ursprung des Inselarchipels erkennt man überall. Als Bergspitzen eines untermeerischen Gebirges ragen die Inseln aus dem sogenannten Mittelatlantischen Rücken. An der Stoßkante der kontinentalen Erdplatten mit Europa und Afrika im Osten sowie Amerika im Westen drückt ausströmendes flüssiges Magma die Kontinente angeblich um einen

Zentimeter pro Jahr auseinander. Flores und Corvo auf der amerikanischen Platte entfernen sich hierdurch ständig aber sehr, sehr langsam vom restlichen Archipel.

Vulkanausbrüche gehören zur Historie der Azoren. Als jüngster Vulkan entstand 1957/1958 der Capelinhos auf Faial. Der letzte Vulkanausbruch wurde zwischen 1998 und 2001 etwa neun Kilometer vor der Westküste von Terceira registriert. Seismologische Messungen sollen für ausreichende Vorhersagen sorgen. Dass trotzdem die Zukunft der Energieversorgung weg vom Öl hin zur Erdwärme liegt, bietet sich an.

Flora

Von den einst vollständig mit Wald bewachsenen Azoren sind heute nur noch zehn Prozent übrig, wobei Japanische Sicheltanne und Lorbeer nicht sehr hoch werden. Der Rest musste Weideflächen für die Rinder weichen. Mit „Nationalparks" versucht man auf allen Inseln ein bisschen die Landschaft zu erhalten. Ausschließlich an den Hängen des Pico findet man eine Gebirgsflora, die an mitteleuropäische Heidelandschaften erinnert. Für unsere Begriffe paradiesische Parklandschaften gibt es zum Beispiel auf São Miguel um Furnas und im

Westen um die Sete Cidades. Ein paar imposante Drachenbäume, vermutlich von den kanarischen Inseln, werden gehegt und gepflegt. An Küstenfelsen krallt sich die Azoren-Glockenblume über steil abfallende Abgründe. Etwas Typisches sei die unheilvolle Wolfsmilch, weswegen Botaniker eigens auf die Azoren reisen. Sie wird bis zu fünf Meter hoch.

Von Juni bis September beeindrucken die knallblauen Hortensien an Wegen und Straßen, teilweise als Hecken zwischen Feldern, zum Teil gemischt mit Afrikanischen Lilien in Weiß und Blau. Weite Teile der Inseln sind überwuchert von einer Pflanze namens Mammutblatt, das Mitte des 20. Jahrhunderts aus Brasilien importiert wurde. Da es auf den Azoren keine Frostgrade gibt, friert diese Pflanze nicht zurück, sondern breitet sich weiter aus. Staatliche Programme sollen die Ausbreitung einschränken.

Juni (Hortensienblüte) bis September (Ingwerblüte) gelten als beste Reisezeit. Wer baden will, sollte bis Juli warten. In der übrigen Zeit kann es trotz schöner Tage und blauem Himmel auch nasskalt und stürmisch sein. Selbst im August wird es selten wärmer als 30 Grad. Die Preise ähneln denen in Deutschland.

Essen und Trinken

Die Mehrzahl der Restaurants offeriert regionale Küche: Deftige Vorsuppen, Eintöpfe, Fisch, Fleisch (hauptsächlich Rind). Wenige Restaurants experimentieren mit kreativen Ideen. Internationale Küche gibt es kaum. Anstatt Vorspeise stellen viele Restaurants eine Kombination aus Brot, Butter, Käse auf den Tisch. Das ist kein „Gruß aus der Küche", sondern wird berechnet. Reine Vegetarier müssen lange suchen oder sich auf Gemüse- und Salatbeilagen beschränken. Hauptessenzeit ist mittags um 13.00 Uhr. Das warme Abendessen schleicht sich durch die Urlauber aber auch ein, wenn Azorianer sich dann eher auf einen Snack einstellen.

Das Thema Wurst kann man vergessen. Wir haben viel probiert und letztlich alles an Katzen verfüttert. Wer den Geschmack braucht, der findet rohen und gekochten Schinken, oder Thunfischpaste. Auch mit Käse kommt man als Selbstversorger gut und schmackhaft über die Runden.

An Rot- und Weißwein herrscht kein Mangel. Was nicht von den Inseln (Pico, Terceira und Graciosa) kommt, wird vom portugiesischen Homeland eingeführt. Besonders die vulkanischen Böden der drei Inseln verleihen dem

Wein einen typischen Geschmack. Mit etwas Glück findet man den Verdelho auf der Weinkarte, ein seltener Aperitivwein, der mangels Masse nicht mehr exportiert wird. Die Rebe wurde im 16. Jahrhundert aus Madeira eingeführt. 1917 habe man etliche Flaschen davon im Weinkeller des russischen Zaren gefunden. Zur Erinnerung produziert die Winzerfamilie Duarte Garcia einen Likör aus diesen Trauben, der unter dem Namen „Czar" vermarktet wird. Wir haben ihn – trotz guter Beziehungen – nicht gefunden.

Die Krone aber gehört noch immer dem Wein von Pico. Von hier stammen 80 Prozent des exportierten Azorenweins. Er wurde schon im 18. und 19. Jahrhundert nach New York und Brasilien, Indien und ins Baltikum verkauft. Angeblich habe ihn ein deutscher Weinhändler an den englischen Königshof geliefert.

Doch die Reblaus aus Amerika setzte auch auf den Azoren dem Überschwang eine Grenze. Große Rebgärten fielen ihr zum Opfer. Der Versuch, die Lücken mit amerikanischen Reben aufzufüllen, führte zu einem Verlust an Geschmack und Charakter des Weins. Mitte der 80er Jahre stellte man um auf europäische Rebsorten, die zwar schwieriger zu kultivieren sind, aber wieder gute Qualitäten hervorbringen. Von der Menge her reicht es aber nicht mehr zum Export. So ist es immer wieder eine Freude, Wein aus Pico angeboten zu bekommen. Besonders auf Pico kommt man nah an die Weingärten, deren Rebstöcke, wie auf Lanzarote, in kleinen Parzellen von niedrigen Lavawänden geschützt werden. Das Weinmuseum in Madalena auf Pico erlaubt einen umfassenden Einblick in die Weinkultur der Azoren.

Ansonsten gibt es auf den Inseln so ziemlich alles. Schließlich sind wir in Europa. Bäckereien, Eisdielen, Cafés, Snackbars, Stoffgeschäfte, Supermärkte, Immobilienmakler, Autovermietung, Tankstellen, Jugendherbergen. Sogar Bier (Pils und Dunkelbier) wird auf São Miguel gebraut und Schnaps gebrannt, der Aguardente, auf Deutsch „Feuerwasser".

Für weitere Details wie Stromspannung, Zeitverschiebung, Autovermietung empfehlen wir den Dumont Reiseführer von Susanne Lipps.

Wie kommt man auf die Azoren?
Anpeilen im Internet

São Miguel, die Hauptinsel des Archipels, liegt zusammen mit dem Inselwinzling Santa Maria am östlichsten im Atlantik. Die unregelmäßigen Flugverbindungen ändern sich immer mal. Über mehrere Tage suchen wir nach einer günstigen Verbindung. Das gestaltet sich besonders schwierig, weil wir für den Zwischenstopp in Lissabon nicht unbedingt übernachten wollen. Über www.fluege.de – die mit dem dicken Kalli als Werbefigur – finden wir dann einen akzeptablen Flug, allerdings verbunden mit einer ziemlichen Frechheit. Am Ende unserer Buchungseingaben wollen wir statt einer ominösen Flüge.de-Kundenkarte mit Visa- oder Master-Card bezahlen. Ohne irgendeinen Hinweis schießt der Preis um fast 100 Euro in die Höhe. Zähneknirschend akzeptieren wir. In der Zwischenzeit soll der Gesetzgeber dieser Willkür eine Schranke gesetzt haben.

Für den Weiterflug von São Miguel nach Pico oder eine der anderen Inseln ändern sich die Termine nahezu täglich, so dass wir schon die Fähre von São Miguel nach Pico in Betracht ziehen, die allerdings fast einen Tag für die Überfahrt braucht. Und dann – etwa zwei Monate vor unserem Reisetermin – gibt es tatsächlich eine zeitlich geschickte Flugverbindung von São Miguel nach Pico. Zu erklären ist das nicht. Selbst die Azorianer verlassen sich nicht mehr langfristig auf Flugpläne. Ähnliches passiert übrigens auch mit den Fähren zwischen den Inseln. Man muss einfach gelassen bleiben und vor allem flexibel im Reisetermin.

Wie, wohin und womit?

Auf der Suche nach einer Bleibe für die ersten drei Tage hatte uns Elke aus der Plattform Airbnb.com – Slogan „Erlebe die Welt wie ein Einheimischer" - einen Link geschickt: Moinho Grande, The Lovely WindMill in Arrifes. Unsere Landkarte zeigt uns, dass dieser Ort sehr nahe am Flughafen von Ponta Delgada liegt. Vorteil? Keine lange Taxifahrt? Nachteil: womöglich in der Lande- oder Abflugschneise? Mühlenbesitzerin Carolina buhlt um uns per E-Mail und wir lassen es geschehen. In einer Windmühle zu übernachten klingt sehr romantisch. Wir haben zu diesem Zeitpunkt keine Ahnung, wie Windmühlen auf den Azoren aussehen. Aber eine ganze Windmühle für 69,50 € pro Tag verlockt schon. Kaum haben wir bei Carolina gebucht, kommt von Elke ein weiteres Angebot, ein Hotel in Punta Delgado, das dem Vater einer Freundin gehört. Pro Nacht nur 50 Euro. Zu spät. Die Windmühle ist gebucht und wir wollen sie nun auch.

Ein Auto für drei Tage mieten? Carolina – alles in Englisch – schickt uns prompt den Link zu einer Autovermietung und ihren Tarifen. Wir staunen: 16 Euro pro Tag für einen Hyndai Atos, 20 Euro für einen Fiat Panda. Wir wählen bescheiden den Atos aus. Einen Tag später kommt die Bestätigung, allerdings 36,50 Euro pro Tag. Wir beharren auf deren Homepage und 16 Euro. Oh, das seien noch die Wintertarife, werden wir belehrt. Also gut. Gebongt. Das Auto soll am Morgen des zweiten Tages zur WindMill gebracht werden.

Auf Pico offeriert uns Elke ein kleines Häuschen mit mitteleuropäischem Komfort. Allerdings mit einer Besonderheit: Es gibt ein Garten-Bad. Was ist ein Garten-Bad? Wir witzeln. Jeder von uns beiden hatte in seiner Jugend schon mal eine Nacht zugebracht, wo das Klo-Häuschen neben dem Haus stand. Das soll uns nicht stören. Die Alternative wäre ein anderes Haus, aber nicht in unmittelbarer Nähe von Elke und Oli. Und eigentlich wollen wir ja die beiden besuchen. Also: Garten-Bad.

Ein Auto auf Pico besorgt Elke von einer Freundin. Wir stellen keine Ansprüche. So groß ist Pico nicht. Die Marke ist mir nicht mehr geläufig, es ist – wie Elke angekündigt hatte – ein älteres Modell mit altersgemäßen Schrammen, aber nur 20 Euro pro Tag. Auch da schlagen wir ein. Damit ist alles erledigt, um unsere Reise entspannt antreten zu können. Amüsiert beobachten wir Freunde und Kollegen, wenn wir ankündigen, auf die Azoren fahren zu wollen. Kaum einer weiß (wie wir vorher auch), dass sie zu Portugal gehören und mitten im Atlantik liegen. Ja, das Azorenhoch, das kennen alle. Und so versprechen wir beim Abschied: Wir schicken ein bisschen Wetter.

Stopp in Lissabon

Irgendwie finden wir das unfair vom Leben. Einerseits um 2.45 Uhr aufstehen, weil um 3.30 Uhr das Taxi vor unserer Tür stehen soll, weil um diese Zeit noch kein Bus fährt, nur der erste Airliner-Bus vom Bahnhof Darmstadt zum Flughafen Frankfurt-Main. Andererseits sind rund acht Stunden Aufenthalt in Lissabon auszufüllen und zwar ohne, dass man sich irgendwo hätte zu einem Schläfchen niederlassen können.

Aus meinem beruflichen Fundus habe ich einen Uralt-Polyglott Lissabon aus 1988 dabei. Besser als gar nichts, denke ich mir. Wer weiß, was davon noch Gültigkeit hat. Auf alle Fälle will ich mit Bernhard zur Baixa Chiado, dem Zentrum mit seinen Einkaufsstraßen, die wie ein Schachbrettmuster bis zum Ufer des Tejo führen. Ich war schon mal hier vor über 25 Jahren auf einem Drei-Tage-Trip vor der Weiterreise nach Mallorca. Nach einem Tag professioneller Stadtführung für mich als Reisejournalistin tigerte ich damals noch zwei volle

Tage mutterseelenallein durch die berühmten Stadtviertel. Vor allem in die Alfama zog es mich immer wieder, das älteste Viertel Lissabons mit seinen Treppen und schmalen Gässchen, durch die Thomas alias Jean Leblanc (Es muss nicht immer Kaviar sein) seine kleinen Fluchten vollzog. Aber Alfama, Bairro Alto (hochgelegenes Viertel) und das Castelo de So Jorge auf dem Burgberg kennt Bernhard auch schon von einer Pressereise. Das alles will ich unseren Füßen –auch die sind 25 Jahre älter geworden – nicht zumuten. Aber die rekonstruierte Baixa, die kurz nach meinem Besuch damals zum Teil abgebrannt war, die will ich mir schon ansehen.

Schon damals 1988 gab es zwei U-Bahnlinien, heute vier. Statt Nummern sind sie nach Farben zu unterscheiden. Die rote Linie (Linha Vermehla) bringt Gäste vom Flughafen zur Endstation São Sebastião. Wir aber wollen zur Baixa Chiado (Zentrum), deshalb sollen wir – rät man uns am Flughafen – an der Haltestelle Alameda von Rot auf Grün (Linha Verde) umsteigen. Zwei Haltestellen vorher am Maritim Moniz sei angeblich die Endstation der legendären Nr. 28, eine schon antike Straßenbahn, die „Eletrico Linie 28E". Na gut, das war so eine Idee, um sechs bis acht Stunden ohne große Märsche Lissabon genießen zu können.

Doch vor unserem Lissabon-Trip kommt erst einmal das Ticket-Kaufen am Automaten. Lange Schlangen bilden sich vor drei Ticket-Automaten. Jemand tippt uns auf die Schulter und weist uns um die Ecke. Auch da steht ein Automat mit ganz wenigen Menschen; aha Insider. Wir wussten, dass man sich hier – ähnlich wie in New York – eine Basis-Chipkarte (50 Cent) kaufen und darauf beliebige Fahrten laden kann. Ich habe aber Probleme, das hier zu beschreiben, weil der freundliche Jemand uns die zwei Fahrten im Automaten ordert, die jeder von uns benötigt. Ein Mal hin und ein Mal zurück. Obrigado.

Wir suchen also die Rote Linie und sehen, dass man zum Eintritt zur U-Bahn sein Chipkärtchen auf einen Scanner legen muss; dann öffnen sich zwei durchsichtige Kunststofftüren. Später erleben wir, dass sich bei diesem Vorgang auch mal Leute ohne Ticket durch die geöffnete Pforte drängen, um zum U-Bahn-Gleis zu kommen.

Auf dem Bahnsteig wird immer angezeigt, in wie vielen Minuten die Bahn kommt. Der Takt dieser Airport-U-Bahn ist kurz, vielleicht alle zehn Minuten. Saubere und adrette U-Bahn-Wagen, modern wie bei uns auch. Nur dass eben die Ansagen auf Portugiesisch sind; das ist aber leicht zu verstehen, es spricht sich mit wenigen Ausnahmen fast so aus, wie es geschrieben wird. Und ein bisschen Spanisch habe ich auch noch im Hinterkopf.

Der Umstieg in Alameda erteilt uns gleich eine Lektion. Solange man sich im Bereich der U-Bahn-Linien aufhält, kann man umsteigen, soviel man will. Wenn man aber mal eben aus dem Bahnhof will, um sich zu orientieren, muss man wieder die Chipkarte auf den Scanner legen, damit sich die Ausgangs-Pforten öffnen. Damit ist die erste unserer beiden Touren erledigt, obwohl wir mit der grünen Linie hätten weiterfahren können. Wir begreifen, dass wir für unsere Rückfahrt zum Flughafen die Chipkarten neu laden müssen. Lehrgeld.

Die Historische Elétrico

Natürlich hatten wir nach der Haltestelle gefragt. Wir orientieren uns trotzdem an den Straßenbahnschienen und sitzen brav im Wartehäuschen und warten. Und warten. Nach 20 Minuten müssen wir beide mal und flitzen in ein nahe liegendes Einkaufszentrum. Es geht um viele Ecken, um dunkle Ecken, aber immerhin saubere Toiletten. Wieder draußen auf der Straße zweifeln wir, dass wir wirklich an der richtigen Haltestelle sitzen. Wir fragen. Man zeigt uns nun den Finger in eine andere Richtung. Und da steht sie wirklich, die Historische 28. Wir rennen los und begreifen schnell, dass wir ganz sicher nicht mitfahren werden. Denn hinter der 28 steht eine lange Schlange von Menschen. Auch die würden nicht einmal in zwei dieser Bahnen passen. Noch vor einer Woche hatte ich mir diesen „Geheimtipp" aus dem Internet heruntergeladen. Andere wohl auch. Also freuen wir uns an dem Bähnle und laufen weiter nach dem Stadtplan und folgen der schnurgeraden Rua da Madalena Richtung Tejo zur Baixa. Vier solcher gerader Straßen führen parallel in die gleiche Richtung; dazu noch einige Fußgängerwege. Aus der Erinnerung mag es ein gefühlter Kilometer gewesen sein, nachgemessen nur 500 Meter, die wir forschen Schrittes bis zum gewaltigen Torbogen der Praça do Comércio am Tejo bewältigen. Füße schonen ist etwas anderes. Also gönnen wir uns erst mal einen Espresso in einer der vielen Bars und erzählen von unseren früheren Lissabon-Erlebnissen.

Beim letzten Lissabon-Besuch wimmelte es von Autos auf dem großen Platz zwischen Tor und Kai. Heute ist der Autoverkehr streng und nur auf den Rand reglementiert. Man kann frei über den Platz schlendern. Wir ziehen weiter zum Fluss und setzen uns auf Steinnischen in der Kaimauer. Was für ein großer breiter Fluss, als ob man am Meer wäre.

Vom Wasser dringt ein frisches Lüftchen, angenehm an diesem noch sehr warmen Junitag. Wir teilen uns einen mitgebrachten Apfel.

Hunger meldet sich auf dem Weg zurück zur Metro. Wir wählen einen Italiener und dort eine Fischplatte; was für ein famoser Auftakt für Urlaub. Denken wir. Selten haben wir so schlecht zubereiteten Fisch gegessen. Wir lassen die Hälfte demonstrativ liegen und teilen unser Gefühl dem Wirt schonungslos mit: eine Schande, so etwas Fischplatte zu nennen. Bernhard frotzelt: „Wie kann man in Portugal auch zu einem Italiener gehen!" Wo er Recht hat, hat er Recht. In einer Straßenbar schwemmen wir unseren Ärger mit einem Glas Rotwein hinunter.

Bernhard kennt noch nicht den Elevator de Santa Justa, ein freistehender Fahrstuhl in der Art des Eifelturms aus Eisen in Neogotik. Er reicht von der Baixa 45 Meter hoch in den Stadtteil Chiado. Bereits 1901 beförderte er die Bewohner nach oben und unten. Ich dachte immer, er sei nach Entwürfen von Eifel erbaut, aber es war der französische Ingenieur Raoul Mesnier de Ponsard. Bei meinem ersten Lissabon-Besuch war er baufällig. Seit 2005 ist er wieder in Betrieb. Heute fahren auch die Touristen fleißig auf und ab, auch, um oben eine gute Aussicht auf Lissabon und die Burg genießen zu können. Wir verzichten. Der Ansturm ist groß, die Warteschlange lang und uns zieht es Richtung Flughafen. Wir wollen ja am Abend auf São Miguel sein.

Am Ausgang der U-Bahnstation läuft ein Mann herum und sammel die Chipkarten für die U-Bahn ein. Weil wir ohne zu überlegen glauben, sie nicht mehr zu benötigen, geben wir sie ihm. Sie sind ja je 50 Cent wert. Hinterher begreifen wir, dass wir auf der Heimreise ja erneut Aufenthalt in Lissabon haben werden. Aber da sind sie schon weg. Wieder: Lehrgeld gezahlt.

Von Lissabon nach São Miguel

Wir freuen uns auf unser unverwechselbares, charmantes Domizil: Die Lovely WindMill in Arrifes unweit vom Flughafen Ponta Delgada. Der Taxifahrer braust los. Das Taxi kostet 10 Euro; das sei (2015) dort ein Einheitspreis. Arrifes ist schnell erreicht, eine Art dörflicher Trabantenort am Rande der Hauptstadt, mit überwiegend zweistöckigen Häusern, die im Laufe von ein paar hundert Jahren an einem Berghang zusammengewachsen sind. Die Straßen eng, verwinkelt, fast alles Einbahnstraßen. Straßennamen portugiesisch und daher für uns unaussprechbar.

Wir halten dem Taxifahrer die Bestätigung unserer Internetbuchung hin. Eine Straße steht da nicht drauf, nur „Moinho Grande/ The lovely Wind Mill". Er kurvt zügig durch die engen verbauten Straßen und hält tatsächlich vor einem Gebäude mit einem grauen Steintubus, an dem in früheren Zeiten wohl auch mal ein Windrad befestigt gewesen war. Wir grinsen uns resigniert an. Von „Lovely" keine Spur. Es befindet sich auch kein offensichtlicher Eingang oder gar ein Namensschild am Anwesen. Wir holen unsere Reservierung heraus, auf der außer „Moinho Grande" nur der Name der Gastgeberin steht: Carolina Raposo und eine Telefonnummer. Der Taxifahrer klappert inzwischen zu Fuß die umliegenden Häuser ab und kehrt achselzuckend zurück. Niemand weiß etwas von einer Mühle zum Vermieten. Dann zeigen wir ihm die Telefonnummer. Er telefoniert mit Carolina und seine Miene erhellt sich. Also Koffer und Menschen wieder ins Taxi und weiter. Nach einigen erneuten hektischen Rechts-Links-Schwenks durch den Ort hält er vor einer Hofeinfahrt mit einem weiteren grauen Steintubus mit rosa Schimmer. Eine junge lachende Frau steht winkend am Tor und ruft unsere Namen. Carolina empfängt uns fast enthusiastisch. Der Taxifahrer kriegt ein extra Trinkgeld für diese abenteuerliche Suchaktion.

Lovely WindMill

Die Mühle erscheint auch nicht vertrauenserweckender als das erste Ziel. Aber die Herzlichkeit von Carolina wischt unsere Bedenken weg. Wir haben schließlich keine Wahl. Nicht nur uns, auch dem Abend graut es. Sie schnappt sich meinen Trolley und hievt ihn eine steile Steintreppe aus unregelmäßigen Stufen etwa drei Meter höher zur Mühle hoch.

Oben bietet sich uns ein fantastischer Ausblick aufs Meer und über die bunten Dächer von Arrifes. Das Innere der Mühle gleicht einem runden Puppenhaus auf drei Etagen, die über eine enge Wendeltreppe zu erklimmen sind. Entzückend! Bis vor einigen Jahren hätten hier ihre Großeltern gewohnt, berichtet Carolina. Dass wir die ersten Gäste in der Mühle sind, gesteht sie uns erst im Laufe der Tage. Das merken wir an einigen fehlenden Dingen, die wir ihr nach drei Tagen als gut gemeinte Empfehlungsliste hinterlassen.

Im Erdgeschoß befindet sich ein Gasherd mit zwei Brennstellen, der Durchlauferhitzer, ein Kühlschrank, Mikrowelle, ein Wasserkocher, ein Regal mit reichlich Geschirr, Gläsern und Bestecken, ein Esstisch mit Bank und zwei Stühlen und alles reichlich dekoriert mit vielen

Vasen mit blauen, lila und weißen Hortensienblüten, die häufigsten Blumen auf der Insel.

Auf dem Tisch steht ein Korb mit Brötchen in einem Leinensäckchen, die noch nach zwei Tagen gut zu essen sind. Dazu eine Tüte mit einem süßlichen weichen Weizenbrot. Dieses Bolos Lêvedos, eine Spezialität aus Furnas, schmeckt gut mit Marmelade, Honig und gesalzener Butter. Der Kühlschrank bietet genug, um nicht gleich das nächste Restaurant suchen zu müssen: Käse, Marmelade und statt Butter eine Käsezubereitung wie Hüttenkäse. Dazu eine Auswahl von Teesorten von der Insel sowie mehrere Flaschen Wasser. Eine kleine Flasche Rotwein aus dem Flieger und zwei Äpfel von zu Hause runden unser „Abendessen" ab.

Das moderne Bad mit Toilette scheint neu installiert. Für die Dusche wurde in die dicke Mauer des alten Mühlenturms extra eine tiefe Nische aufgestemmt. Sogar ein Bidet zwängt sich in den schmalen Raum. Allerdings müssen wir es zwischen die Beine nehmen, wenn wir uns am Waschbecken waschen wollen. Trotzdem: Es ist alles da auf engstem Raum. Jedoch sollte Carolina keine übergewichtigen Gäste aufnehmen; denn die hätten immense Platzprobleme, um die Toilette zu benutzen. Die Klopapierrolle baumelt etwas improvisiert hinter dem Sitzenden an einem Seidenbändchen. Schulterprobleme darf man nicht haben, um danach zu fischen.

Carolina springt leichtfüßig die enge Wendeltreppe hoch. Wie schwer es wohl zum Schluss ihren Großeltern gefallen sein mag, die Schlafebene zu erklimmen? Wir krabbeln mit Händen und Füßen hinterher. In dieser Etage befindet sich ein fast rundes, sehr tiefgelegenes Doppelbett mit starker Neigung der Liegefläche zur Mitte hin. Zwei Tischlampen balancieren jeweils auf einem Bücherstapel. Irgendwo quetscht sich auch noch ein Stühlchen in die runde Ecke am Aufgang zur dritten Etage. Auf einem kleinen Beistelltischchen steht ein kleiner Röhren-Fernseher. Als wir alleine sind, versuchen wir einen Sender zu bekommen. Nur Fragmente eines verrauschten Bildes flimmern auf dem Bildschirm. Die beiden Radios im

Erdgeschoß, echte Museumsmodelle, sind nicht einmal angeschlossen. Wir sind ja nicht zum Fernsehen gekommen.

Zum Ablegen unserer Kleidung am Abend hängen wir die Sachen über das Treppengeländer. Richtig auspacken wollen wir für die drei Übernachtungen sowieso nicht. Dabei wäre dafür Platz im dritten Stock. In einem alten ausladenden bunt bemalten Kleiderschrank stapelt sich noch einiges an Bettwäsche. Auch von hier oben durch die kleinen Fensternischen ein fantastischer Blick auf Meer und Arrifes. An dem Ensemble stört uns lediglich ein gewisser Modergeruch, den wir letztlich doch als Schimmel identifizieren. Ich mache mir schon Sorgen, dass wir beim Schlafen Schimmelsporen einatmen.

Beim Auspacken spüre ich etwas Feuchtes, Schmieriges in meinem Köfferchen. Die Haarshampoo-Flasche hat sich beim Flug durch den Druck geöffnet und über Blazer und nagelneue, bisher ungetragene schwarze Wildledersandalen ergossen. Gott sei Dank ist es ein Polyester-Blazer, der sich nach dem Ausspülen beim Trocknen selbst bügelt. Die Sandalen indes sind versaut. Sie haben sich regelrecht mit Shampoo vollgesaugt. Zusätzlich färbt das Schwarz beim Reinigen unter der Wasserleitung kräftig ab und hinterlässt Flecken im benützten Frottiertuch. Auch das lässt sich aber wieder auswaschen. Nur die Sandalen bleiben bis heute hart und ohne Schmiegsamkeit für die Füße.

Carolina hat großes Gottvertrauen. Nicht nur dass überall Kerzenständer stehen. Auch auf jeder Treppenstufe zu unserer Schlafzimmeretage flackert ein farbiges Teelicht. Das wirkt sehr heimelig und romantisch. Wir löschen sie jedoch, nachdem uns Carolina alleine gelassen hat und zünden sie während unseres Aufenthalts nicht mehr an.

Das Auto

Carolina hatte unser Auto für den nächsten Morgen avisiert. Superpünktlich steht ein Pärchen vor unserer Tür, übergibt Auto und Autoschlüssel und noch eine Landkarte. Wir regeln den Vertrag und dass wir das Auto drei Tage später vor unserem Weiterflug nach Pico am Flughafen wieder abgeben werden; freilich vollgetankt. Carolina bietet uns an, dass wir das Auto in ihrem Hof unter einem Scheunendach parken könnten. Sie selbst parkt wo anders. Beruhigend. Wir notieren unsere Adresse und probieren erst einmal, wie die Mühle von der Hauptstraße aus wiederzufinden ist. Mit „so einfach ums Karree zu fahren" ist das wegen der nicht unbedingt rechtwinkeligen und sehr schmalen Einbahnstraßen ohne Bürgersteige nicht zu machen. Es klappt aber schon bei der zweiten Runde, weil wir begreifen, dass wir an einer völlig unscheinbaren Ecke (wo sich drei Männer unterhalten) rechts abbiegen müssen. Was machen wir nur, wenn die drei einmal nicht da stehen?

Hortensien, das beste Restaurant und Badewannen im Urwald

Wir planen, als erstes die Ananasplantage Arruda in Fajã de Baixo zu besichtigen; die einzige, die überhaupt zu besichtigen sei. Um nicht im Gewusel des Zentrums der Inselhauptstadt zu landen, peilen wir die autobahnähnliche Schnellstraße an und landen prompt mitten im Zentrum. Zusammen mit Bussen und hupenden Autos quälen wir uns zeitraubend durch den engen Schlauch der Altstadt. Erst später begreifen wir, dass die weißen Hinweisschilder, die wir für Ortsschilder hielten, genau zur Schnellstraße führten. Die Ananasplantage finden wir trotzdem nicht. Mehrfach fragen wir in Fajã de Baixo. Immer wieder werden wir halb Englisch, halb Portugiesisch, ein bisschen Spanisch mit Händen und Füßen in verschiedene Richtungen gewiesen, bis wir entnervt aufgeben. Ananasplantage abgehakt. Weiter Richtung Ribeira Grande am Nordrand der Insel.

Jede Autoroute auf São Miguel ist ein Erlebnis. Die Topografie unterscheidet sich nicht unbedingt von einem deutschen Mittelgebirge. Man merkt Europa. Ordentliche Straßen und Straßenmarkierungen. Das Spezielle aber sind die Hortensien-Alleen. Unbeabsichtigt sind wir mit unserm Reisetermin Juni in der Hauptblütezeit

der Hortensien gelandet. Während wir von Großbritannien eher die rosafarbenen Blüten kannten, präsentieren sich hier die riesigen Blütenballen in Weiß, Hellblau, kräftigem Blau und sogar Violett. Und nicht einfach in Gärten, sondern in dichten Girlanden an öffentlichen Straßen, als würden sich Mädchen mit Tüllkleidern an den Händen halten und die Besucher begrüßen. Die Hortensien wurden um die Mitte des 19. Jahrhunderts aus Japan eingeführt.

Ihre Vermehrung geschieht durch Stecklinge. Das erklärt, warum die Verbreitung über viele Straßenkilometer kein floristischer Kraftakt war. Dazwischen vermehren sich durch Samen und Rhizome auch noch afrikanische Lilien ebenfalls in Blau und Weiß.

Rabo de Peixe

Noch vor Ribeira Grande signalisiert ein Abzweig eines der berühmtesten Restaurants auf São Miguel: „O Pescador" (beim Fischer) in Rabo de Peixe. Manchmal bleibt einem nichts anderes übrig, als einem Reisebuch zu glauben. Der Ort selbst schreckt auf den ersten Blick ab. Eine Fischfabrik. Es stinkt erbärmlich. Alte ärmliche Häuser, eine unverputzte bröckelige Hafenmauer, herumlungernde Jugendliche und der bestialische Gestank. Später lesen wir, dass dies der größte Fischereihafen der Azoren sei.

Auch das Restaurant lockt von außen eigentlich nicht zum Betreten. Im Laufe der Jahre heruntergekommen, konstatieren wir. Auch wir kennen Beispiele, wo die Empfehlung in einem Reiseführer dazu führte, dass der Wirt hochmütig wurde, irgendwann aus Gier am Koch sparte und ein fragwürdiges Etablissement übrig blieb. Eingehüllt vom Gestank der Thunfischfabrik, sind wir vorbereitet auf unseren ersten Flop. Rückblickend sind wir sicher, dass dies eines der besten Restaurants während unseres gesamten Azoren-Aufenthalts war.

Um die Mittagszeit ist anfangs nicht viel los. Ein blitzsauberes Restaurant. Leer. Der Gestank von außen ist durch ein ausgeklügeltes Glas-Türsystem gebannt. Wir nehmen Platz an einem der blau lackierten Holztische. Sofort steht ein Korb mit weichem weißem und trotzdem knusprigem Brot auf dem Tisch, dazu gelber Käse von Pico und ein rundes Stück gepressten Frischkäses mit einem Paprikamus als Deckel. Wir hatten das nicht bestellt und finden dieses Angebot erst später für 1,50 Euro auf der Rechnung. Im Laufe der nächsten zwei Wochen lernen wir, dass Brot und Käse ein grundsätzliches Angebot der azorianischen Restaurants vor dem Essen ist, niemand aber sauer ist, wenn man es mangels Hunger ablehnt. So eine Vorspeise kann ja schon sehr sättigen.

Der Wirt, ein blonder, schlanker, smarter Typ, berät uns auf Englisch. Wir bestellen eine Platte mit sechs Sorten Fisch für zwei Personen. Flugs bringt er ein passend lackiertes Beistelltischchen herbei, das unseren Tisch vergrößert. Bald dampft darauf eine Schale halbierter weißfleischiger Kartoffeln, eine köstliche Sorte, der wir noch mehrmals beggnen werden. Zwei Schüsselchen mit gegarten Karottenstücken und in Streifen geschnittener Pflücksalat kommen dazu, dann noch ein Teller mit ein Zentimeter dicken Tomatenscheiben. Die Menage mit Essig, Öl, Salz und Pfeffer steht auf dem Tisch.

Zunehmend kommen neue Gäste. Wir bestellen roten Wein von Pico. Mmh: acht Euro; aber nicht das Glas, sondern die ganze Flasche. Der gebratene Fisch schmeckt frisch und köstlich. Am Ende bezahlen wir 45 Euro. Zum Umrühren unseres Espressos reicht der Wirt kurze schlanke Zimtstängelchen. Als wir das Restaurant verlassen, sind alle 28 Plätze besetzt. Zum Glück waren wir die Ersten kurz nach 12 Uhr.

Ribeira Grande (großer Fluss)

Die mit 10000 Einwohnern zweitgrößte Stadt der Insel wirkt überschaubar, ordentlich, aufgeräumt. Um 1800 habe die Einführung der Leinen- und Wollweberei durch eingewanderte Franzosen zu Wohlstand geführt, der heute noch an prächtigen Stadthäusern, einigen Kirchen und einer Brücke zu sehen ist. Aber ohne portugiesische Sprachkenntnisse, ohne Stadtplan ist es unrealistisch, sich auf historische Suche zu begeben. Jedoch den Jardim do Paraiso wollen wir uns ansehen. Dabei handelt es sich um eine mit Hortensien, Geranien und bunten Blumenbeeten beladene fußläufige Parkanlage, die beide Flussufer des Rio Grande von der Innenstadt bis zur Mündung ins Meer säumt. Der Vorgeschmack der Hortensienal-

leen an der Landstraße wird hier noch einmal übertroffen durch Farben, als hätte der liebe Gott die Blütenballen in königsblaue Tinte getaucht.

Das Warmbad im Wald

Ein Wegweiser führt uns nach rechts in die Berge. Etwa fünf Kilometer sind es nach Caldeira Velha. Exotisches Vogelgezwitscher und ein leichtes Rauschen begrüßen uns, während sich das Auto bergwärts schraubt. Wir parken und steigen durch einen dschungelartigen Wald aus Palmen, Wacholder, Stechpalmen, Lorbeer und Baumfarnen. Um uns wabert warmer Dunst. Die Feuchtigkeit benetzt unsere Arme. Geräusche von fallendem Wasser und Gelächter wie von einer Poolparty dringen an unsere Ohren und weisen uns den Weg. Schon von Ferne sehen wir die dampfende, überschwappende Fels-Badewanne mit kichernden Holländern. Zwölf oder fünfzehn. Bis zu den Schultern sitzen sie eng nebeneinander im grünlichen Wasser, wie man sich einen Kochtopf für Kannibalen vorstellt; allerdings plaudernd und planschend. Eine Sektflasche macht die Runde. Der Wasser-Zustrom kommt aus einem höher gelegenen Becken mit brodelnden Fumarolen, so heißen Gasaustritte aus dem vulkanischen Gestein. Über ein Bächlein schlängelt sich das warme Wasser zur Felswanne und schwappt hinein zu den Badenden und gleichzeitig über den unteren, glatt geschliffenen Wannenrand dampfend in den Wald. Thermalbad auf Azorianisch.

In der Wanne ist ein Kommen und Gehen. Für die Neuen wird zusammengerückt. Wem es zu eng wird, der klettert über die Steintreppe hinaus. Ein paar Schritte nebenan befinden sich Umkleidekabinen und eine Dusche. Wir steigen dem fallenden Wasser entgegen und landen bei einem noch größeren Felsteich, das von einem

richtigen Wasserfall gespeist ist. Hier oben ist weniger los, vermutlich, weil es keine Umkleidekabinen gibt, dafür aber genug Tiefe für einen seichten Kopfsprung und Arschbomben. Hier baden und räkeln sich die Insider, während die untere Wanne wohl den Touristen überlassen ist.

Wir orientieren uns heimwärts und passieren den Lagoa do Fogo, ein einsamer See, der den etwa sechs Kilometer Durchmesser großen, 1563 entstandenen Einsturzkrater füllt. Badestellen, wie man sie an deutschen Seen erwarten würde, gibt es jedoch nicht.

Europas einzige Teeplantage

Nächster Tag. Erneut machen wir uns auf die Suche nach der Ananasplantage. Vergeblich. Dafür finden wir auf Anhieb die Schnellstraße nach Norden.

An der ER 1-1a von Ribeira Grande Richtung Osten nach Maja erkennen wir schon bald die Teefelder an den rechteckigen Pflanzkarrees, die zur Küste abfallen. Angeblich milde Temperaturen, hohe Luftfeuchtigkeit und reichlich Niederschläge bieten hier ein ähnlich günstiges Klima wie in den Teeanbaugebieten Chinas. Es soll hier mehrere Plantagen geben. Die Firma Chá Porto Formoso, die ihren Eingang mit einer riesigen aufgehängten Metall-Teekanne ziert, lockt die Besucher an. Eine hohe Mauer umschließt das parkähnliche Anwesen. Hinter dem Portal fällt der Blick auf die dem Meer zugewandten Teefelder. Wie mit dem Lineal begrenzte lange rechteckige Felder ermöglichen es, den Tee statt von Hand zu pflücken, mit einer Art Heckenschere zu ernten.

Wir werden zu einer Führung eingeladen. Au-

ßer uns ist derzeit kein Besucher da. Eine junge Frau erklärt uns in Englisch, wie der Tee geerntet, gerollt und in einer aus Indien stammenden Maschine, ein wahres Monstrum, mit Feuer getrocknet wird. Ein Video in Deutsch erklärt uns die Geschichte des Teeanbaus auf São Miguel. Angeblich habe der Kaiser von China zu Beginn des 19. Jahrhunderts einem im brasilianischen Exil lebenden portugiesischen König Teesträucher geschenkt, die dieser nach São Miguel mitgebracht habe. In der Krise des Orangenanbaus versuchten sich die azorianischen Großgrundbesitzer mit Tee ein neues Standbein zu bauen. Aber auch das entwickelte sich nicht zum Weltmarkt. Heute gibt es noch zwei Teeplantagen, die zusammen rund 40 Tonnen Tee herstellen. Weil es Bioqualität ist, wird er in Deutschland immer beliebter und kann übers Internet bestellt werden.

Heute wird drei bis vier Mal pro Jahr zwischen April und September geerntet und verarbeitet. Am Ende der Führung erhalten wir eine Tasse Tee kredenzt und revanchieren uns artig mit dem Kauf von zwei Tütchen der Qualität Orange Pekoe als Souvenir. Zuhause erneut probiert, stellen wir fest: Ja, er schmeckt nach Tee.

Endlich: die Ananasplantage

Wieder einmal kurven wir hinter Arrifes herum auf der Suche nach der Ananasplantage. Dass die weißen Schilder zur Schnellstraße weisen, wissen wir ja inzwischen. Trotzdem landen wir ständig in Gegenden, wo man uns zwar auf die Ananasplantage der Familie Arruda hinweist, aber die Beschreibungen in bruchstückhaftem

Englisch, vermischt mit Portugiesisch, bringen nichts. Erst als wir entnervt aufgeben und ich gerade Gas gebe, um bergabwärts nach Ponta Delgada zu düsen, muss ich doch in die Eisen steigen. Aus dem linken Augenwinkel identifiziere ich ein bescheidenes dünngezeichnetes Wappen an einer Mauer: Plantação de Ananases Augusto Arruda.

Jemand hatte uns erzählt, dass nach dem Nie-

dergang der Orangenproduktion im 19. Jahrhundert die Ananas das neue Exportprodukt werden sollte. Viele dieser Plantagen krebsen heute aber nur noch herum. Die Welt-Konkurrenz sei stark und deren Früchte sind größer und besser geeignet, um sie in Dosen abzufüllen. Nur die Familie Arruda machte daraus ein Touristenziel und lässt Besucher ein.

Ananas wächst hier in Treibhäusern; an die 20

reihen sich, bestückt nach verschiedenen Vegetationsphasen, was die gesamte Aufzucht verkompliziert. Die Jungpflanzen (Ableger) stehen ein halbes Jahr bei 30 Grad im Frühbeet und müssen täglich bewässert werden. Dann kommen sie in andere Treibhäuser, wo sie durch Räuchern zum Blühen gebracht werden. Erst acht Monate danach erfolgt die Ernte. Dies alles sieht man beim Rundgang durch die aneinander gereihten Treibhäuser. Bei einigen stehen die Türen auf, bei anderen weist ein Schild hin, dass die Türe geschlossen sein soll. Junge Männer mit Wasserschläuchen verteilen das Nass zwischen den wie Soldaten aufgereihten Pflanzen. Es duftet nach feuchter Erde. Kleine gelbe und lila Blütenköpfe scheinen eine Art Gründünger zu sein; denn sie sind überall zwischen den Zöglingen.

Azorianische Ananas sind so klein wie eine große Pampelmuse, nicht sehr süß, entwickeln aber ein wahnsinnig starkes Aroma, von dem wir am Ende der Reise mit gutem Grund noch berichten werden. In einem kleinen Shop auf der Anlage kann man Ananas-Produkte und Souvenirs kaufen. Wir probieren Ananas-Likör und Ananas-Eis und kaufen Seife mit Ananas-Aroma.

Caldeira das Sete Cidades

Die landschaftlich beeindruckendste Sehenswürdigkeit ist dieser Einsturzkrater im Osten der Insel, ein Kessel mit einem Durchmesser von rund fünf Kilometern. Angeblich der größte von den unzähligen Kratern auf den Azoren. Es ist Sonntag und viele Autos sind unterwegs, auch Omnibusse, weil das hier eben ein besonderer Punkt mit vielen markierten Aussichtsstellen ist. Die gutausgebaute Straße schraubt sich um den Krater nach oben. Mehrere Haltestellen bieten einen Blick in die Tiefe. An den besten Aussichten drängeln sich die Omnibusse.

Wer gut zu Fuß ist, kann hier eine Woche lang täglich die herrlichsten Wanderungen durch Schluchten, Obstplantagen und Weinfelder unternehmen, und das alles mit beeindruckenden Aussichten auf mehrere Kraterseen und den Atlantik rund um die Ostspitze der Insel. Wir müssen uns auf eine Entdeckungsfahrt mit dem Auto beschränken, jedoch mit den berühmten Aussichten auf die zwei in Acht-Form verbundenen Seen Lagoa Azul (Blauer See) und Lagoa Verde (Grüner See). Tatsächlich sind beide miteinander verbunden und vermischen ihre unterschiedlichen Wasserfarben unter einer Autobrücke, über die wir auch fahren.

Um die beiden Seen rankt sich die Legende einer Engelsprophezeiung. Ein König sollte seine Tochter erst zu Gesicht bekommen, wenn sie erwachsen wäre. Das hat er nicht durchgehalten. Als er sich gewaltsam Zugang zu den Sete Cidades (sieben Städte) verschaffte, wo das Kind von einer Amme großgezogen wurde, erschütterten gewaltige Erdbeben den einstigen Kontinent. Er zerbrach und versank

im Meer; zurück blieben nur die neun Azoreninseln. Es heißt, dass die grünen Pantoffeln der Prinzessin den einen See färbten und ihr blauer Hut den anderen.

Johannisfest

Am Zusammenfluss der beiden Seen liegt das Dorf Sete Cidades. Wir halten an einer Bar, trinken einen Espresso und wundern uns über die vielen Menschen und Autos, die auf einmal nach und nach eintreffen. Und plötzlich stehen da ein paar Kühe, vier, sechs, zehn und alle geschmückt mit aufgeklebten Blüten. Wie eine Prozession ziehen sie an uns vorbei. Es ist der 24. Juni: Johannisfest (Festas Sanjoaninas), das Fest für Johannes den Täufer, eines der bedeutendsten in Portugal. Ich hatte es schon einmal vor vielen Jahren in Lissabon erlebt, als in der Alfama (Altstadt) alle Anwohner ihre Tische und Bänke in die Gasse rückten, zusammen aßen, tranken und auch alle Passanten einluden, die gerade vorbeikamen. Auf manchen der

Azoreninseln dauert dieses Fest mit Wallfahrten und Prozessionen eine ganze Woche. Wir hatten hier wohl die dörfliche Sparvariante erwischt.

Furnas

Im Osten der Insel liegt Furnas, ein nostalgischer Badeort und angeblich Europas größtes Thermalbad. Aus zig Quellen sprudelt heißes Wasser unterschiedlicher Mineralgehalte. Schon im 17. Jahrhundert hätte man die Heilquellen als Wohltat für Knochen und Muskeln genutzt. Ende des 18. Jahrhunderts seien die durch den Orangenanbau wohlhabend gewordenen Großgrundbesitzer kurmäßig gekommen, um ihre Zipperlein und ihr Übergewicht zu kurieren. In dieser Zeit entstanden herrschaftliche Villen und ein pompöses Kurhaus, das heute ein Spa-Hotel ist.

In den 1930er Jahren wurde hier der Parque Terra Nostra angelegt mit einem riesigen Thermalschwimmbecken, das aus einer 30 Grad heißen Quelle mit Eisenoxyd gespeist wird. Am Sonntag ist hier kein freier Parkplatz zu finden. Lange Schlangen von Menschenmassen – hauptsächlich Familien mit Baby und Oma, strömen durch den Eingang. Da wir weder Badesachen dabei haben und zudem unser

Zeitfenster klein ist, umrunden wir das eingezäunte Parkgelände und fahren weiter. Rund um den Park (kostet Eintritt) gibt es noch viele weniger spektakuläre Thermalbecken, auch kleinere Pfützen, für die man keinen Eintritt bezahlen muss, haben wir gelesen. Jedenfalls strömt aus vielen Ecken und Steinnischen Dampf und heißes Wasser. Man kann sich vorstellen, dass tief in der Erde ein mächtiger Vulkan brodelt. Gespenstisch!

Cozido

Der Boden rund um Furnas ist so heiß, dass man Essen darin kochen kann, was Einheimische zumindest am Wochenende auch tun. Die Spezialität ist der Cozido, ein Eintopf aus Fleisch und Gemüse, der dann im verschlossenen Topf vier Stunden in einer Erdhöhle schmort. Wir suchen und finden das Restaurant Tony´s in Furnas. Dass die Speisekarte mit bunten Bildern erklärt, was es hier zu essen gibt, macht uns hellhörig. Touristenfraß? Zögernd frage ich nach dem Cozido, das in unserem Reiseführer als Spezialität angeführt wird. Womöglich kommt der aus der Tüte oder aus der Gefriertruhe? Der Kellner stutzt, murmelt etwas von „fragen", läuft davon und serviert mir tatsächlich nach zehn Minuten einen Teller Cozido. Mal ehrlich: Es ist wirklich nur ein bescheidener Eintopf aus Möhren, Kartoffeln, Zwiebeln, Grünzeug und Fleischstücken, in der Konsistenz, wie nach zwei Stunden im Römertopf. Auch geschmacklich ist es keine Offenbarung. Aber der Gedanke an die vulkanische Zubereitung ist prickelnd.

Strand mit Heizung

Auf der Rückfahrt zur unserer Mühle kommen wir noch über Ribeira Quente, ein Fischerdorf an der Südkante der Insel, wo der Fluss Ribeira Quente den Atlantik durch eine hohe Felsschlucht erreicht. Der modernisierte Hafen soll zu den besten auf den Azoren gehören, steht im Reiseführer. Hier fahren angeblich noch 100 Fischer aufs Meer. Was den Ort aber so attraktiv macht, ist sein Strand, dessen Wasser durch unterirdische warme Quellen gewärmt wird. Wie aus Düsen eines Whirlpools sieht man die heißen Blasen aufsteigen.

Ponta Delgada

Die heutige Hauptstadt von São Miguel entwickelte sich seit dem 15. Jahrhundert vom bescheidenen Fischerdorf zum Handelszentrum und zur heute knapp 70.000 Einwohner zählenden Metropole des gesamten Insel-Archipels. „Portas do Mar" – Meerespforten –

heißt das gewaltige, keilförmige Kai mit Anlegern für Autofähren und Kreuzfahrtschiffe. Es trennt die beiden Jachthäfen. Dazwischen tummeln sich Insulaner und Urlauber im Wasser. Vor allem abends herrscht hier quirliges Stelldichein, als ob alle Berufstätigen zum Feierabend noch schnell mal ins Wasser hüpfen wollen. Die eigentlichen Strände liegen im Stadtteil São Roque, drei Kilometer westlich. Am Kai selbst laden Bars, Restaurants und Geschäfte zum Bummeln ein. Wir haben hier mehrmals gut, nicht billig, gegessen. Hauptsächlich Fisch, aber auch Rindfleischgerichte.

Rund um den Hafen befinden sich etliche Kirchen, Paläste und Museen. Nein, keine Zeit. Unser Ziel ist doch Pico. Uns fällt allerdings ein dreiteiliges Stadttor auf, das uns bei der Orientierung an der langen Hafenzeile hilft. Auch das Forte de São Brás, ein Festungsbau im Stil der Renaissance, hilft, unser Auto wieder zu finden. Die berühmte Markthalle in der Rua dos Mercadores schließt gerade, als wir eintreffen. Die Straße war doch länger, als wir dachten. Bernhard schmollt, weil ich ihn auch noch zum schneller Gehen angetrieben hatte. Und nun ein Satz mit X.

Drei Tage sind zu wenig

São Miguel, fast 800 Quadratkilometer groß, ist es sicher wert, dass man hier wenigstens zwei Wochen, wenn nicht sogar einen ganzen Monat verbringt, um die zauberhaften Fischerdörfer, die vulkanische Topografie und die üppige Vegetation, vor allem des Lorbeer-Wacholder-Waldes zu genießen. Radfahren ist nur etwas für Quäler. Wanderer finden hier das Paradies, wenngleich man keine markierten Wanderwege erwarten darf.

Andererseits ist man ohne portugiesische Sprachkenntnisse auf gefilterte deutsche Literatur angewiesen. Die versagt meistens bei Fragen, die über den touristischen Tellerrand reichen. Aber unser Hauptziel war ja die Insel Pico, wo wir unsere Freunde besuchen wollten.

Die sogenannten „Gentlemen-Gärten", riesige botanische Anlagen reicher Landbesitzer des 19. Jahrhunderts, hätten wir normalerweise nicht mehr geschafft. Aber auf Grund eines Verständnisfehlers bei der Buchung auf Pico, mussten wir bei der Rückreise über Lissabon einen erneuten Zwischentag auf der Hauptinsel einplanen. Die kommen also noch.

Was sonst noch zu sagen wäre …

Die üblichen Essenszeiten – Hauptmahlzeit mittags – kamen uns sehr entgegen. Wir aßen viel Fisch; dass nicht jede Sorte auf der Speisekarte zu haben war, empfanden wir als ehrlich. Wir wollten ja frischen Fisch und keinen aufgetauten. Auch das Angebot an Steaks und deren Qualität lassen sich sehen. Immerhin werden rund 200.000 Rinder auf der Insel gehalten. Wurst sollte man sich abschminken. Das können sie nicht. Das muss auch nicht sein. Auch die manchmal lecker aussehenden Blutwurstsorten schmeckten grauenhaft. Selbst Carolinas Hund, der wegen des ungestörten Zugangs zu unserem Auto in ein ummauertes Stück Garten eingesperrt war und manchmal sehnsuchtsvoll zu uns hochschaute, verschmähte sie.

Es gibt üppige Desserts mit Pudding und Creme sowie bunte feiste Torten und gutes Eis. Queijadas sind winzige süße Quarkküchlein, die es in allen Bäckereien gibt. Und natürlich Wein, entweder aus Portugal oder von der Insel Pico, von wo auch ein berühmter Käse kommt; doch davon später mehr. Das Wasser aus der Leitung ist zwar trinkbar, aber chemisch behandelt. Auch die Einheimischen kaufen es lieber in großen „Bottles" im Supermarkt.

Pico die Insel

Pico gehört zu der in der Mitte liegenden Inselgruppe der Azoren, in enger Nachbarschaft mit Terceira, Faial und São Jorge. Ob mit Schiff oder Flugzeug – bei klarer Sicht sieht man schon früh den 2351 Meter hohen Pico, Portugals höchsten Berg. Das Flugzeug braucht eine knappe Stunde für die immerhin rund 600 km von São Miguel. Der Flughafen São Roque im Nordwesten der Insel sieht gar nicht provinz-popelig aus. Die Ankunftshalle mit mehreren Gepäckbändern wirkt für die wenigen Passagiere unseres Fluges eher überdimensioniert. Während die Ankunftstüren immer auf und zu gehen, erblicken wir dahinter sofort die heftig winkend Elke. Endlich, nach so vielen Jahren sehen wir uns wieder.

Unser Feriendomizil

Elke packt uns in ihr Autochen. Während sie von Süden quer über die Insel zum Flughafen gefahren ist, wählt sie nun die Route an der Küste entlang nach Madalena, Inselhauptstadt und Fährhafen, vor allem nach Horta auf der Nachbarinsel Faial und nach São Jorge. Als erstes besuchen wir einen gigantischen Supermarkt, um ein paar Grundnahrungsmittel einzukaufen. Einen Rundleib Weißbrot, Butter, Käse, Wein und Wasser, das in großen Fünf- oder Sieben-Liter-Plastikbehältern ohne Kohlensäure angeboten wird. Das Wasser von Pico kommt zwar aus der Leitung, aber niemand trinkt es. Wasser mit Kohlensäure gibt es wesentlich teurer in Flaschen und wird importiert. Im Restaurant muss man es extra verlangen; man bekommt es nicht immer.

Der Kauf von Wurst erweist sich erneut als Flop. Elke als Vegetarierin zuckt mit den Schultern. Mit Ausnahme von Schinken schmecken auch auf Pico alle Wurst-Versuche wie eine Mischung aus Sägespänen, Rosinen und Haferflocken mit Majoran. Wir verfüttern sie nach verschiedenen Versuchen mit Braten und Kochen an eine Katzenfamilie und halten uns an den köstlichen Käse von Pico. Außer im Supermarkt kriegt man ihn in einer kleinen Käserei in São João im Süden von Pico zu kaufen. Der Durchmesser der Käse variiert je nach Alter von etwa zehn bis 15 Zentimeter. Hellgelb, im Inneren von weicher Konsistenz, schmecken sie köstlich wie milde Munsterkäse. Allerdings kein Vergleich mit deutschen oder niederländischen Produkten, wenngleich Niederländer die Lehrherren waren.

Wir fahren zu unserem Domizil. In der Grundrichtung kann man sich nicht verfahren, denn die Hauptstraße umrundet die gesamte Insel. São Mateus, schreibt sich tatsächlich wie die portugiesische Weinmarke, die früher nur in Boxbeuteln abgefüllt war. Auch heute wachsen hier Weintrauben. Wie man es vielleicht von der Kanareninsel Lanzarote kennt, umrahmt jede Weinrebe ein Mäuerchen aus Lavagestein, das nicht nur den Wind abhält, sondern deren Krümelboden auch die mineralischen Dünger und die Feuchtigkeit speichert.

Wir versuchen, uns die Stelle zu merken, an der Elke nach links in die Berge abbiegt und hochkurvt. Es gibt hier keinen Wegweiser. Wir wissen nur, dass sich hier eine von den vielen Bushaltestellen befindet und ein markanter ausladender Baum, dessen Laubkrone nicht rund, sondern oben wie mit einem Rasenmäher glatt abrasiert aussieht. Mit ungefähr 30 Prozent Steigung schraubt sich die Schotterstraße vorbei an Wein-Gärten und nicht näher zu beschreibenden Gehöften empor. Nach acht bis zehn Minuten landen wir vor unserem Feriendomizil, einem kleinen weißen Steinhaus am

Ende der Straße. Hier im Ort Gingeira hausen Elke und Oli. Er baut ein neues Haus mit Blick aufs Meer.

Elke hat nicht zu viel versprochen. Hier ist die Welt zu Ende. Zwei Steinblöcke zur Treppe aufgestellt, führen zu einem kleinen Vorplatz mit zwei weißen Kunststoffsesseln und einem

Tischchen. Aha, die Veranda. Das Häuschen selbst besteht aus zwei hintereinander angeordneten Räumen. Vorne ein Esstisch, rechts Kühlschrank, Gasherd, ein Regal für Geschirr, Töpfe und oben eine Arbeitsplatte zum Kochen. Ein Sofa, ein Sekretär mit diversem Infomaterial hinter der ausklappbaren Schreibplatte, ein weiterer Tisch mit Radio und ein Rattansessel vervollständigen diesen Raum.

Unser Schlafzimmer hinter einer Tür am Raumende bietet uns ein Doppelbett, rechts eine offene Regalwand mit eingebauter Kleiderstange für kurze Sachen, links ein Drahtgestell zum Aufhängen von langen Sachen. Genügend Stauraum für unsere Klamotten. Von hier führt eine Tür in den hinteren Teil des Gartens. Die Matratze ist Klasse, auch die Kopfkissen. Nur etwas fehlt. Bad und WC sind nicht im Haus, sondern im Garten. Auch einen Wasseranschluss gibt es nur unten im Garten.

Das Garten-Bad

Schmale Steintreppen führen in die grüne Tiefe des Gartens, als sei man unterwegs ins Paradies. Mauern aus Lavasteinen dienen als Geländer. Für die nächtliche Beleuchtung hat Elke

kleine Lämpchen in Blumentöpfe gesteckt, die sich tagsüber im Sonnenlicht aufladen sollen. An trüben Tagen fällt die Lichtquelle notgedrungen etwas bescheidener aus. Aber mit einem zentralen Lichtschalter am Haus lässt sich ein Scheinwerfer am Gartenbad einschalten.

Nicht das Moos auf den Steinen lässt mich so

vorsichtig hinabsteigen, denn die Stufen sind nicht rutschig. Viele kleine rote Blüten will ich nicht zertreten. Eisbegonien, Gottesauge nannten wir die in meiner Kindheit. Sie sprießen auf Stufen und in Treppenritzen, als sei das ihr Wohnzimmer, durch das ich nun mit Schuhgröße 40 stapfe. „Die wachsen von allein", versucht Elke meine Bedenken zu zerstreuen, ich könnte eines dieser kleinen Wunder zertreten. Wie kleine Prinzessinnen in rosa Kleidchen verteilten sie sich über die Stufen hinab zum Waschhaus. Und ich empfinde mich jedes Mal als eindringender Riese in ihre zarte, verwunschene Welt.

Das Waschhaus. Es zeigte sich als kleines, weiß gekalktes Häuschen am Ende der Steintreppe. Hinter dem vorderen Eingang befindet sich ein Durchlauferhitzer mit einer Art Waschtisch mit Spüle. Hierhin balanciere ich später das zu spülende Geschirr in einer Plastikschüssel und bringe es wieder hoch zum Haus. Auf der Rückseite dieses Waschhauses befindet sich unser Bad. Eine ganz normale Spültoilette. Freilich wissen wir, dass man mangels Abwasserkanalisation das benutzte Papier nicht in die Toilette werfen darf. Also Popo abputzen und das Klopapier in einen Extra-Eimer mit Deckel entsorgen. Wegen der sehr hohen Luftfeuchtigkeit steckt die Toilettenpapier-Rolle in einer Plastiktüte. Am großen Waschbecken gibt es reichlich Ablage für unsere Toilettenartikel. Die Dusche hinter einer gekachelten Wand ziert sich offensichtlich, erträglich temperiertes Wasser zu liefern. Durch Herumprobieren finden wir heraus, dass die Wassertemperatur konstant bleibt, wenn wir zusätzlich zur Kopfbrause noch die kleine Handbrause mitlaufen lassen.

Und nachts auf den Pott

Innerlich schlagen wir die Hände über den Kopf zusammen, weil uns Elke „für alle Fälle" einen Nachttopf aus einer Ecke holt. Es ist ein ordentlich großer Pott aus weißem Porzellan, zeitloses Design. Ohne Schnörkel. Massiv. Selbstverständlich wollen wir ihn nicht benutzen.

Doch gleich in der ersten Nacht höre ich gegen Morgen Bernhard hineinpieseln und schließe mich an. Für das „kleine" Geschäft ist das unkomplizierter als gedacht. Auf einen Stuhl gestellt, lässt er sich wie eine Toilette benutzen. Wer am Morgen zuerst munter wird, trägt den Pott hinunter in den Garten und spült ihn. Eine völlig geruchslose und hygienische Prozedur.

Und so hausen Elke und Oli

Unser Ferienhäuschen ist eines von mehreren, die Elke für die Inhaber an Urlauber vermietet. Schnell hatte sie sich Portugiesisch angeeignet und mit Organisationstalent – auch das ist Marketing – ein Netzwerk auf Pico aufgebaut. Manche Handwerker lassen sich hier ähnlich bitten, wie in Deutschland. Elke und Oli laden uns zu einem Mittagsimbiss ein.

Die beiden hausen in einer steinernen Kate, die sie vor einigen Jahren mit tüchtig viel Land erworben hatten, um sich hier ein Altersdomizil aufzubauen.

Der Küche-Wohnraum ist klein, aber kuschelig gemütlich. Es gibt einen Herd, einen offenen Kamin, einen großen Tisch in der Mitte und, im ganzen Raum verteilt, Stühle, die man sich zurechtrückt, wo man sie braucht. Kontrast bildet ein PC-Monitor, der sie über das Internet mit der Welt verbindet. Obwohl sie hier am Popo der Welt leben, sind sie politisch in Deutschland und Europa auf neustem Stand. Sie haben vermutlich mehr Zeit, sich zu orientieren als wir, die noch im prallen Berufsleben stehen und uns bildungspolitisch auf die Abendnachrichten beschränken. Ja, wie es ausschaut, leben die beiden mehr nach Bauchgefühl und Wetter, während wir uns zuhause vom Terminkalender unter Druck setzen lassen. Zwei adoptierte Katzen streichen durch Haus und Garten.

Im Nebenraum steht ein Doppel-Hochbett. Kleidung und wichtige Utensilien stapelt Elke in Kunststoffboxen als Schrankersatz. Wenn Elke sich eine neue Bluse anziehen will, muss sie erst mal bügeln. Wie wir verstehen, ist das alles nur eine – wenn auch schon Jahre andauernde – Übergangsphase, bis das neue Haus bewohnbar ist. Oli baut alles selbst. Es existiert schon als zweistöckiger Bau mit einem schräg gestellten Flachdach, mit großen Fenstern und Holzdielen. Eine Spedition liefert gerade schwere Glasplatten für den Fußboden im ersten Stock. Sicher eine gewöhnungsbedürftige Abgrenzung zwischen den beiden Stockwerken. So wie Elke brummelt, scheinen die ein Vermögen gekostet zu haben. Aber noch ist das Haus eine Riesenbaustelle. Oli und Elke haben keine Eile. Traumhäuser brauchen Zeit.

Auswanderer

Während wir noch am Tisch bei ihnen sitzen, kommt Besuch von Freunden, die sie und uns zum Abendessen in ein Restaurant einladen. Ein Abschiedsessen, weil die Verwandten am nächsten Tag zurück nach Kanada fliegen. Viele ausgewanderte Azorianer urlauben Jahr für Jahr auf ihrer Heimatinsel. Nicht nur früher, als es mit dem Walfang und dem Orangenanbau zurückging, auch noch im 20. Jahrhundert trieb die wirtschaftliche Not rund 60.000 Azorianer, damals 20 Prozent der Inselbewohner, über den Atlantik nach Westen.

Am Abend wollen wir uns bei einem neueröffneten Italiener in Madalena treffen. Leider wird vorher Oli bei Bauarbeiten von einem Balken am Auge getroffen und Elke muss ihn zum Arzt in die Inselhauptstadt bringen. Sie erklärt uns den Weg, der uns in die Nähe des am Morgen besuchten Supermarktes bringen soll. Wir bezweifeln, ob wir den Supermarkt überhaupt ohne Elke wiederfinden werden. Wir finden ihn. Und wir finden sogar das Schild zum Italiener. Die komplette azorianische Familie erwartet uns schon. Die Mutter des Paares, die auf Pico wohnen geblieben ist, spricht nur Portugiesisch. Wir lächeln ihr zu, stellen uns auf Englisch vor; ihre in Toronto wohnende Tochter übersetzt, dass wir Freunde von Elke und Oli sind. Der Schwiegersohn kann relativ gut Deutsch. Er dolmetscht nun zwischen der nur englisch und portugiesisch sprechenden Ehefrau und Schwiegermutter hin und her. Ohne Elke und Oli fühlen wir uns etwas fremd.

Dann kriegt sich das Ehepaar auf Portugiesisch in die Haare. Wir verstehen nichts. Aber wir begreifen, dass sie sich bekriegen. Er wiederum beschwichtigt uns auf Deutsch, als sei nichts passiert. Das Essen ist nicht berühmt. Wir zögern es trotzdem so lange hinaus, bis alle fertig gegessen haben, verabschieden uns artig, nicht ohne noch einmal die Deutschkenntnisse des Mannes zu rühmen. Es wirkt, als würde er unter unseren lobenden Worten in die Höhe wachsen. Wir fühlen, dass ihm das gut getan hat neben seiner herrischen Frau.

Die Rückfahrt wird spannend. Es ist inzwischen nicht nur dunkel geworden, sondern alle Bushaltestellen sehen gleich aus. Es scheint auch überall so ein markanter Baum zu stehen, den wir uns extra gemerkt haben. Außer der Hauptstraße sind die holperigen Sträßchen in den Bergen natürlich nicht illuminiert. Sie kommen mir noch steiler vor als am Morgen. Markante Weingärten fallen uns auf. Aber auch die sehen überall gleich aus. Es gibt keine Wegweiser. Die kleinen Häuser besitzen keine Nummern, keine Schilder, keine Besonderheiten, um sie auseinanderzuhalten.

Ich verzweifle still vor mich hin, während mich Bernhard ermutigt, sich auszukennen, wo wir sind. Weiß, grau und von Wind und Wetter geprügelt starren mich die Häuser im Dunkeln an. Es brennt kein Licht in ihnen. Wir kurven, suchen und finden tatsächlich unser Häuschen. Trotzdem ahnen wir, dass wir mit der Kirche ums nicht vorhandene Dorf gefahren sein müssen. Wir müssen uns für die nächsten Tage bessere Wegweiser ausdenken.

Erleichtert schenken wir uns einen Rotwein ein. Zum Schlafengehen sind wir viel zu aufgeregt. Was wäre gewesen, wenn wir den Weg nicht gefunden hätten? Wir hätten die Nacht im Auto verbringen müssen und am Morgen Elke anrufen können. Wäre auch kein Beinbruch gewesen. Aber so prosten wir uns zu, auf unser Azoren-Abenteuer. Ja, es ist ein Abenteuer. Eine fremde Welt. Aber wir sind nach wie vor motiviert, es gut und vergnüglich zu bestehen.

Nacheinander tasten wir uns in unser Garten-Bad hinunter. Schritt für Schritt in die Tiefe. Die Solarlämpchen in den Blumentöpfen funzeln uns aufmunternd entgegen. Die rosa Eisbegonien blinzeln, als hätten wir sie geweckt, sie ducken sich, damit wir sie nicht tottreten und schlummern weiter. Die begrenzende Lavastein-Brüstung fühlt sich kühl und feucht an. Um uns herum raschelt es, als würden Eidechsen weghuschen. Vielleicht sind es auch Häschen, oder Mäuschen oder Schlangen. Gibt es auf den Azoren Schlangen? Ich weiß es nicht. Aber es ist unheimlich, nächtens hier herumzuklettern. Um das vom Haus eingeschaltete Licht am Badhaus kreisen Mücken und Nachtfalter. Ich hoffe, dass ich nachts nicht Pipi machen muss. Aber da war ja der Nachttopf. Hoffentlich nicht. Warum eigentlich nicht?

Die Nächte auf Pico sind erfüllt von Dschungelgeräuschen, als würden Raubkatzen und einsame Jäger um das Haus streichen und Kämpfe mit ihresgleichen bestreiten. Freilich gibt es massenhaft wilde Katzen, deren Fauchen und Lustschreie die Fantasie ankurbeln. Unbekannte Vogelmelodien wiegen uns in den Schlaf. Ein Wesen schreit nach Hilfe. Da seien die Cagarro-Männchen, erzählt uns Oli Tage später. Bei Einbruch der Dunkelheit stoßen sie martialische Schreie aus. Manchmal hört sich das an, als würde jemand ein altes verrostetes Karussell anwerfen.

Unsere Nachbarn – die Katzen

Mitten auf der Straße vor unserem Haus kauern wenige Tage alte Kätzchen, eingerollt wie eine Männerfaust im Puschelhandschuh. Statt wegzulaufen, machen sie sich vor heranrollenden Autos noch kleiner. Elke erzählt, dass deshalb viele überfahren werden. Deshalb mäßigen wir gerade an dieser Stelle an den Müllcontainern unser Tempo. Erst am vierten oder fünften Tag verkriechen sie sich in den Lavamauern. Sie leben hier. Zwei große Katzen plündern regelmäßig die Müllcontainer. Wie sie aus den ein Meter tiefen Behältern wieder herauskommen, ist für mich ein Wunder an Sprungkraft.

Ich bin gerührt, aber was tun ohne Katzenfutter? Ich bestreiche zwei Scheiben unseres Maisbrotes mit jener erbärmlich schmeckenden Streichwurt und überrede Bernhard, die auch nicht gerade pikant schmeckenden fingerdicken Blutwürstchen den Katzen zu überlassen. Alles in kleine Häppchen geschnitten, verteile ich die Bröckchen wie ein zwei Meter breites Buffet auf der Lavamauer. Als wir eine halbe Stunde später wieder vorbeifahren, ist alles abgeräumt.

Pico – wo fängt man an?

Pico hat zwei besondere Attraktionen. Das eine ist der Berg, mit 2351 Metern Höhe der höchste Portugals. Und die zweite ist das Weinanbaugebiet „Zona de Adegas" südlich von Madalena, das von der UNESCO als Welterbe ausgezeichnet und geschützt wird. Der Berg sei hier besonders beschrieben, denn ich habe ihn selbstverständlich erklommen.

Die Topografie der Insel orientiert sich stark am Pico. Seine Geröllflanken reichen weit hinunter. Rund um seinen Kegel ist die Vegetation bescheiden und knorrig. Zur Küste hin wachsen auch Laubbäume, teilweise zu kleinen Wäldchen zusammen. Doch der vulkanische

Boden reglementiert die Lüste der Hobbygärtner. Es ist eben eine Vulkaninsel, mit wenigen aber spektakulären wilden Badebuchten, kleinen Naturhäfen und fast überall peitscht der Atlantik an die Küste. Also so mal eben ein bisschen plantschen gehen, ist nur an wenigen Stellen möglich.

Das Gebiet der Weinberge und Winzerhäuser liegt zwischen den Weinbaudörfern Cabrito und Cais do Mourato. Früher gab es hier kleine Häfen, aus denen der Wein nach Faial verschifft wurde. Wer schon einmal auf Lanzarote war, kennt diese Anbauweise, wo der Wein in runden Mulden angebaut wird, die von Lavamauern umgeben sind. Die Rebstöcke wachsen nicht hoch, sondern liegen auf dem Boden. Das dunkle Gestein speichert die Sonne und wärmt nachts die Böden. Bei einem gemeinsamen Ausflug zum Abendessen fährt uns Oli mitten in dieses Gebiet, das eine restaurierte Windmühle als Aussichtsplattform markiert.

Das passende Weinmuseum kostet uns den letzten Nerv. Was nützt der Stadtplan von Madalena, wenn an den meisten Straßen keine Namensschilder stehen. Außerdem scheinen alle Straßen zum Flughafen zu führen, auch wenn er nicht ausgeschildert ist. Wenigstens an vier Tagen suchen wir das Weinmuseum. Vergeblich halten wir Ausschau nach einem Wegweiser und fahren Runde um Runde um die verschiedenen Kreisel; alle mit einem Baum oder einer Skulptur verziert. Elke hatte es uns am ersten Tag nach unserer Ankunft noch gezeigt. Erst am vorletzten Tag begreifen wir, dass das rote Gebäude nicht die Feuerwehr ist, sondern der Eingang zum Weinmuseum. Beim Näherkommen entdecken wir sogar ein Schild-

chen, das auf Weinmuseum schließen lässt. „Museo do Vinho" Die mühsame Suche hat sich wirklich gelohnt.

Weinmuseum

Der Gebäude-Komplex in einem ehemaligen Karmeliterkloster beherbergt den wohl größten Drachenbaum der Azoren. Hier wird die Geschichte des Weinbaus auf der ganzen Welt und speziell auf Pico erklärt. Im Hof selbst stehen alte Keltergeräte und Destillierkolben in grüngrauer-Kupfer-Patina. Eine Gruppe weiterer Drachenbäume dient als Sonnenschutz über einem Dutzend Holzsesseln. Eine raffinierte, rote Gangway endet mit einem ebenso roten Holzpavillon im chinesischen Look und bietet einen schönen Blick auf die Trauben-Waben darunter und auf die herrlich blaue Meeresbucht.

Elke hat uns auf einer Insel-Landkarte die „Points of Interest" eingezeichnet. Wir sind wild entschlossen, das alles zu besuchen, begreifen aber schnell, dass nur die roten Linien auf der Landkarte ausgebaute Straßen sind. So eine Route umzieht die Insel entlang der Küste. Eine Verbindung halbiert die Insel zwischen

Flughafen und Ribeira do Cabo im Süden. Und dann gibt es noch eine halbwegs gute Verbindung zwischen Madalena und der Inselmitte. Gelb ist als unbefestigte Straße zu bezeichnen. Weiß sind steinige Pisten. Wegweiser im Inneren der Insel sucht man vergebens. Ohne Orientierungssinn, in welcher Richtung das Meer liegen könnte, irren wir die ersten Tage umher. Sehen wir tatsächlich mal ein Ortsschild, so ist der Ort in der Karte nicht zu finden.

Mit den Tagen kommen wir zur Ruhe. Auch der Benzinverbrauch verringert sich. Ich fahre entspannter und schiebe inzwischen den Choke nach dem Losfahren schnell zurück. So etwas hatte ich die letzten 30 Jahre nicht mehr. Schreibt man den überhaupt so? Ich fahre und fahre. Wir wollen von der Insel doch möglichst viel sehen.

Ein Wellenkraftwerk

Oli hat uns darauf aufmerksam gemacht. Es liegt neben dem Porto Cachorro, nahe dem Flughafen.

Das Wellenkraftwerk wurde zwischen 1995 und 1999 als europäische Pilotanlage vom Instituto Superior Técnico in Zusammenarbeit mit portugiesischen, britischen und irischen

Partnern gebaut und von der Europäischen Kommission gefördert. 2005 begannen die ersten Tests. Im Probebetrieb wurden etwa ein Megawatt Strom ins Netz eingespeist.

Das Funktionsprinzip: Durch die Energie der einlaufenden Wellen angetrieben, strömt Wasser durch eine unter dem Meeresspiegel liegende Öffnung in eine Kammer. Die Wassersäule schwingt mit der Frequenz der Wellen auf und ab und erzeugt so oszillierende Luftströmungen, die eine Turbine in der oberen Kammeröffnung antreiben. Ein Bypass-Ventil im oberen Teil der pneumatischen Kammer sorgt für ein Ableiten von Energieüberschüssen bei schwerer See. Ventile im Turbinenschacht sollen die Turbinen-Generatoren-Einheit von der Kammer isolieren und zusätzlichen Schutz bei zu energiegeladenem Wellengang bieten.

Schnell erkennen wir, dass es sich dabei nicht um eine aktuell arbeitende Anlage handelt, sondern um ein aufgegebenes Pilotprojekt, das in einem großen Betonklotz abseits der Felsenformation inzwischen dahin rostet.

Es ist trotzdem spannend, auf Holzstegen zwischen den einzelnen Felsen herumzukraxeln, während die Kraft der anrollenden Wellen zwischen den schwarzen Felskaminen Gischt sprühend hochpeitscht.

Industriemuseum

Weiter an der Küste entlang kommen wir nach Cais do Pico, einst Zentrum der azorianischen Walindustrie. Die Skulptur eines Walfängers mit Harpune signalisiert ein Industriemuseum. Noch bis 1984 wurden hier Pottwale zerlegt und zu Öl und Tierfutter verarbeitet. Zwei große Dampfkessel zum Auslassen des Specks,

Öltanks, Trockenofen und Mühle für Fleisch und Knochen erinnern an diese Zeiten, die den Bewohnern Wohlstand und Auskommen bescherten.

Kunsthandwerk in Santo Amaro

Hier gibt es eine Kunsthandwerkerschule, die auch Samstag und Sonntag öffnet. Eine Besonderheit ist die filigrane Fertigung von Blüten und Dekoartikeln aus Feigenmark und Fischschuppen. Wir kaufen ein Fläschchen Amaro-Likör, Geschmacksrichtung Brombeere.

Terra Alta

Bevor wir richtig losgefahren sind, muss ich schon wieder in die Eisen steigen. Terra Alta ist avisiert, ein Miradouro, ein Ausguck, der angeblich einen spektakulären Blick aus 415 Metern hinunter zum Meer verspricht. Nach wenigen Metern zu Fuß blicken wir auf die heranpeitschenden Wellen tief unter uns. Gut, dass alles mit Geländern gesichert ist. Es geht überwältigend tief hinunter. Fast wie zum Rüberschwimmen nah erhebt sich die Nachbarinsel São Jorge.

Ponta da Ilha

An der Ostspitze von Pico ragt der Ponta da Ilha empor, ein 22 Meter hoher Fels mit dem Leuchtturm Farol de Manhenha. Ihn umgeben Felder, einige Orangenhecken und Laubbäume. Vorsichtig tasten wir uns über grobe Wege durch die Naturschutzzone und finden ein schnuckeliges kleines Restaurant. Es sind wenig Menschen hier unterwegs. Mag sein, dass es daran liegt, dass dies genau das andere Ende von Pico ist, während sich der Haupttourismus im Fährhafen Madalena abspielt?

Ich kann mich nicht erinnern, viele Touristen auf Pico gesehen zu haben. Die meisten Urlauber kommen angeblich im Juli und August, das sind die Heimattouristen aus Kanada und USA. Die Normalurlauber beschränken sich meist auf die Hauptinsel São Miguel mit Tagesausflügen auf die Inselnachbarn. Das war wohl auch der Grund, warum Elke und Oli hier auf Pico gelandet sind und nicht auf São Miguel. Elke gesteht, dass sie – außer wenn sie nach Deutschland fliegt und in Ponta Delgada umsteigt – die Hauptinsel so gut wie gar nicht kennt.

Hier im Osten, fern vom Pico, sind die Böden eher geeignet, um Ackerbau zu betreiben. Besonders der Ort Piedade gilt als landwirtschaftliches Zentrum von Pico. Neben Gemüse und Getreide wird hier auch Wein herkömmlich in Reihen angebaut. Von Piedade aus fahren wir hinunter ans Meer nach Calhau und lassen uns am Hafen einen Wein einschenken. Der Blick auf wilde Brandung und die Einsamkeit – wir sind die einzigen Touristen – schenkt uns ein Gefühl, als hätten wir wirklich losgelassen von Deutschland, von unseren Pflichten, ohne einen Gedanken auf die Rückreise.

Lajes do Pico
(gesprochen Lasches do Pico)

Hier ist das Eldorado der Whale-Watcher. Noch in den 80er Jahren sei hier Walfang betrieben worden. In den heute noch stehenden Bootshäusern lagerten die „canoas", die schlanken Ruderboote, mit denen die Walfänger hinter ihrer Beute herjagten und versuchten, sie mit Harpunen und Lanzen zu erlegen. Das alles sehen wir im Museum „dos Baleeiros" (Walfängermuseum). Auf dem Parkplatz an der Kaimauer steht ausnahmsweise mal eine größere Schlange Touristen, um mit Schlauchbooten hinauszufahren und hoffentlich viele Wale und Delfine zu sehen. Auf Pico sei hier der beste Ort für Whale-Watching. Wir schenken uns das. Bisherige Wal-Touren in anderen Ländern waren stets enttäuschend. Viel zu weit weg die Giganten. Und auf den Fotos sah man maximal eine schwarze Schwanzspitze in der Ferne.

Konzert in der Gruta das Torres

Die Grotte liegt am Fuß des Pico im Westen der Insel. Unser erster Besuch ist ein Flop.

Wir stehen am Eingang des Besucherzentrums und dürfen nicht rein, weil kurz vor uns eine ganze Busladung die Führung bis zum Feierabend blockiert. Ärgerlich. Dabei waren wir wieder wild in der Gegend herumgekurvt, bis wir endlich Hinweisschilder zur Grotte gefunden hatten. Und dann das. Doch nach ein paar Tagen offerieren uns Elke und Oli etwas viel Besseres: Angekündigt ist ein Konzert für Cello und Geige mitten in der Höhle; nur für Insider, nur für Freunde. Und wir dürfen mit. Faszinierend.

Wir bieten Oli unser Auto an und verabreden uns eine Stunde vor dem Konzert. Wir erinnern uns an den verworrenen Weg. Oli lacht und Elke grinst verschmitzt. 20 Minuten vorher genügen. Oli fährt nicht wie wir umständlich über die offiziellen Straßen. Er kennt sich hier aus und jagt unser Auto zickzack durch enge Kurven direkt von São Mateus über den Berg. Natürlich gibt es keine Straßenschilder. Nie würden wir diese steinige Geröllpiste alleine abreiten. Und tatsächlich sind wir überpünktlich an der Grotte.

Elke und Oli kennen die meisten Besucher dort. Es sind etwa 30 relativ junge Leute, die sich im Besucherzentrum versammeln. Man spricht Portugiesisch und uns zuliebe auch ein wenig Englisch. Der modernistische Bau sei 2007 für den Mies-van-der-Rohe-Architekturpreis nominiert worden, lesen wir später.

Erst 1990 entdeckten Höhlenforscher den mit 5150 Meter längsten Vulkantunnel der Azoren. Er mag vor etwa 1000 Jahren unter einem Lavastrom entstanden sein, der sich von einer Flanke des Picos Richtung Westen wälzte. Die normale Führung läuft über 45 Minuten und man muss dazu Schutzhelm und Stirnlampe tragen. Heute ist das anders. Einige tragen Lampen und wir steigen ihnen über schmale,

grobe Lavastufen hinterher in die Tiefe.

Eine gewaltige zerklüftete Höhle tut sich auf. Hier und da tropft es ein wenig. Und dann sehen wir die zwei Künstler mit ihren Instrumenten im schummrigen Licht verfremdender Scheinwerfer. Sie tragen Masken, aber man kann einen Mann und eine Frau erkennen. Anfangs verharren sie wie steinerne Statuen. Bis alle still stehen und schweigend auf den Beginn des Konzerts warten. Mit der Bewegung kommen die Töne und ich zwinge mich zum leisen Atmen.

Ich kann mich nicht mehr erinnern, was sie spielten, ob es klassische Musik war oder einfach nur schöne Melodien. Aber noch heute kribbelt mir Gänsehaut über die Arme, wenn ich mich an diese Momente erinnere. In der wenigstens zehn Meter hohen Höhle füllt der Klang der Instrumente jede Ritze, als stünden überall Lautsprecher, als könne man in diesem Klang baden. So geht das mit kleinen Pausen zwischen den Stücken etwa 30 Minuten. Dann nehmen die beiden Musikanten ihre Masken ab und strahlen entspannt. Beifall donnert auf und findet seinen Widerhall an den Höhlenwänden. Sie werden um eine Zugabe gebeten. Wieder setzen sie ihre Masken auf und tauchen uns ein weiteres Mal ein in zauberhafte Klänge wie aus einer anderen Welt. Meine Füße schmerzen, weil ich auf dem unebenen Boden nicht wirklich stabil stehen kann, aber auch keine Geräusche mit den Schuhen erzeugen will. Das halte ich aus.

Nach weiterem Beifall werden wir wieder aus der Höhle geleitet.

Elkes Garten

Elke ist ständig beschäftigt. Entweder ist sie unterwegs und betreut ihre (nicht eigenen) Ferienhäuser oder sie werkelt im Garten. Dieser Garten hat für unsere deutschen Begriffe ungewöhnliche Dimensionen. Er ist so groß, dass man nicht von einem Ende zum anderen schauen kann. Da liegen nicht Beet neben Beet, sondern sie gliedern sich auf verschiedenen Ebenen, die Elke Stück für Stück urbar gemacht hat. Und es liegen noch etliche Quadratmeter vor ihr wie eine Wildnis, wie ein Dschungel, für den man nach meinem Eindruck eine Machete zum Freihauen von einem Weg benötigt oder eine Brandrodung. Sorry.

An einer Stelle wachsen Tomaten, woanders Artischocken, Zucchini, Bohnen, Erbsen. Was für uns wie Durcheinander aussieht, hat für Elke System. Sie weiß ganz sicher, in welche Richtung das Wasser fließt, wenn sie gießt, wo der Boden tiefgründiger ist und man Wurzeln anbauen kann. Als Vegetarierin mit weitem Weg zum Supermarkt versucht sie, sich mit allem selbst zu versorgen, was sie sich zum Es-

sen wünscht. Natürlich auch Kartoffeln, Salat, Radieschen, Melonen, Kürbis, Kräuter. Bärlauch hätte sie so gerne. Ich verspreche, ihr aus meinem Garten kleine Bärlauchzwiebelchen zu schicken, denn mangels Frost auf den Azoren würden die Samen (Frostkeimer) gar nicht aufgehen.

Wir identifizieren Bohnenkraut. Bis dahin wusste Elke nicht, ob diese kleinen Büsche wirklich als essbare Kräuter zu benützen waren. Die passenden Bohnen hat sie.

Elke erntet auch eigene Bananen, Orangen, Zitronen und Avocados. Kirschen hätte sie gerne; aber die wachsen hier nicht. Aber Erdbeeren und Physalis; speziell die goldgelben Früchte wuchern das ganze Jahr, während wir sie im Januar aussähen müssen, um frühestens ab August oder September ein paar Früchte ernten zu können. So paradiesisch Elkes Garten auch ist, er fordert sie das ganze Jahr. Immer ist etwas zu ernten, zu pflanzen, zu gießen, zu jäten und freizuschneiden, damit es von der natürlichen Vegetation nicht überwuchert wird und nicht mehr aufzufinden wäre.

Das Haus von Elke und Oli

Einerseits war Pico zwar als Altersruhesitz gedacht, aber eben auch, um auszusteigen aus dem stressigen Managerleben, das Elke Jahrzehnte in Deutschland geführt hat. Oli war schon ein paar Jahre eher hierher übergesiedelt und begann am Haus zu bauen. So ein Haus in den Bergen mit eigener Hände Arbeit zu errichten, ist eine Beschäftigung für Jahrzehnte, zumal wenn man mit dem Geld haushalten muss und diesen Beruf nicht gelernt hat.

Mit selbst konstruierten abenteuerlichen Hebewerkzeugen bewegt Oli auch große Lasten ohne Hilfe. Eines dieser Ungetüme steht noch immer da. Ein Kran aus Holzbalken, nun von Kapuzinerkresse überwuchert. Stolz und kühl aus handbehauenen anthrazitgrauen Quadern errichtet, erhebt sich das Haus auf dem Berg. Wie eine Reihe von Augen blicken die Fenster des oberen Geschosses übers Meer. Mit Orientierungssinn kann man es von der Uferstraße schon ausmachen. Beleuchtet wird es vom Meer aus wie ein Luxusbungalow aussehen. Das Haus ist für mich wie ein Symbol, dass man sich alle Träume erfüllen kann, auch wenn es manchmal lange, lange dauert und viel Mühe und Arbeit kostet.

Ausflug nach Faial

Am Fährhafen von Madalena kann man nach Faial und nach São Jorge fahren. Am interessantesten erscheint uns jedoch Faial mit seiner Hafenstadt Horta. Gefühlsmäßig würden wir das Auto mitnehmen. Aber Elke warnt. Oftmals sei es am Abend so böig, dass man das Auto nicht mehr zurücknehmen dürfe. Es wird

dann am nächsten Tag mit der Fähre gebracht. Nachdem wir doch eine knappe halbe Auto-Stunde vom Fährhafen entfernt wohnen, ist uns diese Aussicht zu kompliziert. Also lassen wir das Auto auf dem Parkplatz und machen uns zu Fuß auf die Fähre.

Wie eine Fata Morgana zeigt sich der fast immer von Wolken zugehangene Pico, während die große Fähre das sichtbare Horta anpeilt.

Wir fotografieren und fotografieren in der Hoffnung, gerade jetzt das optimale Bild vom Pico eingefangen zu haben. Aber er spielt uns einen Streich und versteckt sich mal rechts, mal links hinter weißen Wolken, als würde er uns nur ein bisschen zublinzeln.

Letzte Tankstelle vor Amerika

Faial ist nur ein Viertel so groß wie Pico. Von der berühmten blauen Hortensienblüte sehen wir als Fußgänger – außer rund um die Hafenanlage - freilich wenig. Spannend ist der Jachthafen. Nahezu alle Atlantiksegler zwischen USA und Europa legen auf Horta eine Pause ein. Schon im 18./19. Jahrhundert bunkerten hier die Walfang-Flotten Proviant und schufen durch ihre Anwesenheit ein besonderes Ambiente. Das ging so weiter, als am Beginn des 20. Jahrhunderts Horta Knotenpunkt zwischen den Transatlantikkabeln der Telekommunikation wurde. Die ersten Linienflüge über den Atlantik mit Flugbooten in den 1930er Jahren steuerten Horta zur Zwischenlandung an.

Das erste Seekabel zwischen Ponta Delgado und Lissabon aus dem Jahre 1893 diente hauptsächlich zur Durchgabe der Wetterdaten. Aus dieser Zeit stammt der Begriff „Azorenhoch", das bei uns ein paar Tage später in Europa ankommt und nicht immer bestes Wetter verspricht. 1902 einigen sich die drei Kabelgesellschaften aus USA, Großbritannien und die Deutsch-Atlantische Telegraphengesellschaft (DAT) zur strategischen Nutzung des Kabelnetzes. Speziell die DAT betrieb zwei Kabel von der Nordseeinsel Borkum nach Horta mit Anschluss an New York.

Horta erlebte in den 1920- und 1930er Jahren große Bedeutung als Kommunikationszentrum. Hunderte von Ausländern, natürlich auch Deutsche, lebten hier und pflegten ihre internationalen Beziehungen mit Tanzveranstaltungen, Konzerten, Kunstausstellungen und Sportevents und auf neun Tennisplätzen.

Die Glücksbringer der Segler

Als Besonderheit gilt die lange Kaimauer in Horta. Seit den 1950er Jahren hinterlassen die meisten Atlantik-Segler ein Gemälde von ihrem Schiff und ihrer Crew. Das soll Glück bringen.

Und so pinseln sie heute noch auf die Mauer. Vermutlich brachte ein norddeutscher Segler diesen Brauch nach Norderney. Auch dort ist die Kaimauer mit Wandgemälden verziert, allerdings nicht mit privaten Malereien, sondern mit Schiffen und Leuchttürmen rund um die Nordsee. Wir genehmigen uns einen Rotwein; wir sind ja ohne Auto unterwegs. Mehrere Crews feiern gerade das glückliche Anlegen auf Horta mit einem frischen Bier. Man kennt

sich untereinander und auch den Wirt. Da fühlen wir uns eher wie Zuschauer. Sind wir ja auch.

Igreja de Nossa Senhora das Angústias

Zwischen dem Jachthaven und dem Naturhafen Porto Pim besuchen wir die älteste Pfarrkirche von Faial. Und dann: Wir zögern und lesen doch richtig: Martin Behaim. Eine Bronzeplakette erinnert an die Vermählung des

Nürnberger Patriziersohnes (1459 bis 1507) mit einer Tochter des ersten Statthalters, Josse van Hurtere. Behaim erfand 1492 seinen berühmten Globus. Die auch als Erdapfel bezeichnete Kugeldarstellung der Erde gab schon damals das geografische Wissen wieder, bevor Christoph Kolumbus nach seiner Entdeckungsreise die Welt ein Stück neu erfand. Der Behaim-Globus befindet sich im Germanischen Museum in Nürnberg.

Peter Café Sport

Die bedeutendste Kneipe zwischen USA und Europa ist vermutlich Peter Café Sport am anderen Ende der Kaimauer. Angeblich habe sie sich in den letzten Jahrzehnten nicht verändert. Die Wände gespickt mit unzähligen Wimpeln, Urkunden, Medaillen, Fotos, erzählen von

Jahrzehnten durstiger Segler, für die die schummrige Kultkneipe „das" Sehnsuchtsziel nach Tagen und Wochen auf hoher See bedeutete. Heute, an einem herrlich sonnigen Junitag, ist im Haus allerdings nicht viel los; die meisten Gäste sitzen auf der überdachten Terrasse, die jenseits der Straße aufgebaut ist.

Wir essen gut wie überall auf den Azoren; nicht besonders teuer, einfach preiswert. Der Service

ist an schnelle Durchläufe gewöhnt. Spatzen hopsen zwischen den Tischen herum und schnappen sich die Brösel, die absichtlich vom Tisch gestreift werden.

Es bleibt noch Zeit für die Fähre zurück. Deshalb schlendern wir in Richtung der grauen Hafenfestung Santa Cruz zur malerischen Bucht Porto Pim mit Sandstrand. Auf einer überdachten Terrasse nehmen wir unseren Espresso und beobachten einen Katamaran, der sich wohl verfahren hat. Es sieht tatsächlich so aus, als wolle er in Porto Pim ankern, weil er den Weg um die Landzunge Paisagem protegida zum Jachthafen verfehlt hat. Schließlich merkt er, wie das Wasser unter seinem Rumpf immer seichter wird und dreht ab.

Die Rückfahrt der Fähre hätten wir vor lauter Erzählen und Diskutieren fast verpennt. Fährt sie nun 17.15 oder erst 17.45 Uhr? Also nehmen wir unsere Beine in die Hand. Die Avenida Marginal streckt sich gewaltig. Komisch; der Hinweg erschien viel kürzer. Von weitem sehen wir die Fähre und die Abfahrtszeit auf dem Display am Hafen. Also das Auto hätten wir heute mitnehmen können; das Meer kräuselt sich nur zahm. Und auch die Schäfchenwolken versprechen eine ruhige Überfahrt.

Montanha do Pico

Erst am vierten Tag auf der Insel Pico entdecken wir den Berg im Ganzen. „Dreh dich bloß mal um", raunt Bernhard andächtig, als wir gerade das Restaurant Lagoa mit seinem unaufmerksamen Service verlassen und auf unser Auto zusteuern. Ich hätte ihn glatt übersehen. Da steht der Pico als gewaltige Silhouette am

Abendhimmel. Ein die ganze Insel beherrschender Riese. 2351 Meter. Oben keck wie eine erigierte Brustwarze der Lavakegel, Piquinho der kleine Pico. Entzückt lassen wir unsere Kameras klicken. Majestätisch verdeckt er die Welt hinter sich, als sei sein Schattenriss eine Wand am Ende des Seins. Der höchste Berg Portugals.

Schon zuhause war es mein fester Plan, den Pico zu besteigen. Was sind schon 2000 ungrad Meter? Zumal der Aufstieg am Berghaus Casa de Apoio da Montanha do Pico schon in 1200 Metern Höhe beginnt. Ich hatte schon wesentlich höhere Berge bestiegen und durch das Joggen fühlte ich mich in hervorragender Kondition. Ich bin schon mit meinen hohen Bergstiefeln angereist, weil sie im Köfferchen zu viel Platz blockierten. Jeder sollte sehen, dass ich einen Berg im Auge habe oder wenigstens eine ordentliche Wanderung.

Freilich war mir klar, ich kann nicht alleine gehen. Ich hatte mich belesen. Es gibt nur eine einzige Aufstiegsroute, die mit Pflöcken markiert ist. Angeblich sei die Zahl der täglichen Aufsteiger auf 160 limitiert. Jedenfalls muss man sich im Berghaus eintragen, von Oktober bis Mai sogar bei der Feuerwehr in Madalena.

Oli versucht nur zahm, mir diese Tour auszureden. „Das ist keine normale Bergtour". Und Bernhard fühlt sich sofort bestätigt, mich davon abzuhalten. Oli zweifelt an meiner Kondition; das lasse ich nicht auf mir sitzen. Er sei schon drei Mal auf dem Pico gewesen, erzählt Elke. Alleine. Oli hält sich zurück. Er ahnt wohl, dass ich nicht zu bremsen bin. Seine Augen sagen mir: „Na, dann tue es, du wirst schon sehen, was dir blüht." Trotz Bernhards Protest lasse ich mich von Elke bei der Bergführerin Cäcilia anmelden. In der Saison führt die Mittdreißigerin an sechs Tagen in der Woche Gäste auf den Berg. Freitag um 8.00 Uhr an der Kirche. Die Führung kostet 45 Euro plus zehn Euro für die 15 Kilometer Autofahrt aus Madalena hoch zum Berghaus.

Freitag. Bernhard fährt mich zur Kirche in Madalena. Niemand zu sehen. Ich laufe zu ein paar Männern im Cafe an der nächsten Ecke. Die sehen nicht nach Bergtour aus. Dann brüllt Bernhard meinen Namen über den Kirchplatz. Da steht ein weißer Kleinbus. Eine Frau winkt mir zu. Aha, Cäcilia. Ich springe in den Bus. Drin begrüßen mich drei Damen auf Englisch. Untereinander unterhalten sie sich aber auf Niederländisch. Kein Problem für mich. In artigem Niederländisch frage ich, woher sie denn kommen. Na aus Holland. Da erst merken sie begeistert, dass sie mit mir niederländisch sprechen können. Großes Erstaunen als ich behaupte, ihre Heimat vermutlich besser zu

kennen als sie selbst. Schließlich habe ich über die Niederlande mehrere Bücher und HB-Bildatlanten geschrieben sowie den Baedecker aktualisiert.

Im Berghaus vergrößern eine Dame aus Frankreich, ein Ehepaar aus Großbritannien und ein Exil-

Azoreaner aus Südamerika unsere Gruppe. Trotz dieser bunten Mischung gibt es den ganzen Tag keine Sprachprobleme. Jeder versucht, so gut wie möglich Englisch zu sprechen und einer hilft dem anderen mit Worten und Erklärungen. Am Ende können alle sogar meinen Alpenland-Spruch „Die letzte Kuh macht die Türe zu" ziemlich verständlich aussprechen.

Vor dem Start müssen wir uns erst einmal in ein Buch eintragen, um hinterher sicherzustellen, dass keiner oben geblieben ist. In einem Videofilm werden uns wichtige Verhaltensregeln eingetrichtert, zum Beispiel: keinen Müll liegen zu lassen und dem Berg die notwendige Ehrfurcht zu erweisen.

Dann starten wir endlich in den sehr dunstigen Morgen. Von Elkes mitgegebenen Wanderstöcken empfiehlt mir Cäcilia nur einen mitzunehmen. Mit dem „Climbing" geht es ziemlich schnell zur Sache. Gleich am Anfang lernen wir etwas ganz Entscheidendes. Bei den verlockend aussehenden „Wanderpfaden" handelt es sich um gefährlich lockere Geröllpisten, auf denen man unweigerlich nach unten gezogen wird. Die dürfen wir also nicht betreten. Strikt geklettert werden muss auf den Lavazungen, die der Berg – eigentlich ein riesiger Krater – einst aus dem Erdinneren gespuckt hatte. Teilweise müssen wir dabei Höhenunterschiede von einem Meter ersteigen. Kein Problem für mich, obwohl ich im Berghaus-Buch gesehen habe, dass ich die Älteste bin. Tatsächlich erhalte ich unterwegs immer wieder Komplimente, wie problemlos ich ohne Atemnot nach oben steige.

Cäcilie nimmt mich von Anfang an unter ihre Fittiche und reicht mir bei größeren Steigleistungen immer wieder ihre Hand. Anfangs versuche ich zwar, weite Teile des Klettersteigs alleine zu bewerkstelligen; aber diese helfende Hand und der Kletterstock in der Rechten sind doch sehr bequem für mich. Es gibt dort keine Markierungen, wie ich das aus den Alpen gewohnt bin. Jeder wählt seine eigene Strecke. Wir freilich orientieren uns an Cäcilias Aufstiegen, auch wenn andere Routen auf den ersten Blick vielleicht einfacher aussehen. Und immer wieder diese Geröllwege, die sich so verführerisch leicht hinauf schlängeln und trotzdem verboten sind. Also steigen wir von Lavastrang zu Lavastrang. Sie bieten die sichersten und rutschfesten Tritte. In diesen farbigen Lavazungen entdecken wir, dank Cäcilias ansteckender Fantasie, die unterschiedlichsten Figuren. Eine sieht aus wie ein nacktes, sich umarmende Paar, eine andere wiederum wie ein toter Elefant.

Den Steig auf den Krater strukturieren etwa taillenhohe weiße Holzpflöcke in unterschiedlichen Abständen. Sie markieren keine besonderen Wegstrecken, sondern geben lediglich die grobe Richtung vor. Rund um diese Pflöcke lädt immer eine Art Plattform zum Stehen, Schauen und Trinken ein.

An verschiedenen Punkten reißt der Himmel auf. Wir erhaschen kurze Blicke auf die Nachbarinseln Faial und auf São Jorge, die sich wie eine schmale Banane an die Insel Pico anschmiegt. An einer begrünten Plattform mit einer fast mystischen Anordnung von Lavasteinen, ein Kreis mit einem kreuzförmigen Mittelpunkt, rasten wir zum ersten Mal. Wenn man einen Stein in den Kreis wirft, gehen angeblich Wünsche in Erfüllung. Ich werfe und wünsche mir, dass Bernhard und ich noch möglichst lange zusammen bleiben. Carlo, der Zweitführer am Ende des Trails, reicht uns

Gebäck von seiner Mutter herum; eine Art Ringe aus Mürbteig. Wir knuspern euphorisch.

Andere Wanderer überholen uns. Einige Gesichter kenne ich aus verschiedenen Restaurants. Aha, auch Holländer und Deutsche, die so gut Englisch sprechen, dass ich sie nicht als Landsleute identifizieren kann. Im Juni ist die Zahl der Besucher wohl noch begrenzt.

Nach vier Stunden erreichen wir den Kraterrand. Der Pico hat sich wieder mit Nebelschwaden eingehüllt. Den kleinen Pico-Gipfel „Piquinho" zu ersteigen, dazu fehlen uns die Kräfte und die Vorstellungskraft, wie schwierig das sein mag. Wir setzen uns in einen Kreis, der wie eine Feuerstelle aussieht, aber keine Holzkohlespuren zeigt. Meine Brotzeit hatte ich bereits am Steinkreis verzehrt. Ich hätte auch nichts mehr gebraucht. Aber Cäcilie drängt mir regelrecht ein Thunfisch-Brötchen auf. Man müsse hier etwas essen, beschwört sie mich und sie nehme immer ein Sandwich mehr mit, weil nie alle etwas zu essen dabei hätten. Obwohl ich keinen Hunger, nur Appetit verspüre, lasse ich es mir schmecken,

Einzelne Bergwanderer, die in den Innenhängen des Kraters rasten, sind nur schemenhaft zu erkennen. Die Luft ist dicht wie in einem Waschhaus. Zu sehen gibt es dort nichts am Abgrund des Kraters. Aber das Gefühl, dass es hier wer weiß wie tief in ein Loch zur Erdmitte geht, prickelt beim Atmen.

Hier oben ist es sehr kalt. Meine Finger werden weiß und steif und ich erinnere mich daran, dass im Azoren-Buch stand, man solle doch Handschuhe mitnehmen. Ich hatte auch Elke nach Handschuhen gefragt. Sie meinte aber, das sei wohl nur im Herbst und Winter nötig. Ich wickele meinen langen dünnen Schal mehrmals um Hals und Kopf. Das schützt vor der Kälte. Cäcilie, die gute Seele, reicht mir ein paar Handschuhe, ich kann es nicht fassen.

Den Rechten bekomme ich noch gut an. Für den Linken benötige ich ihre Hilfe, weil meine Finger schon weiß gefroren – ohne einen Blutstropfen – sind. Zugegeben, das passiert mir auch ohne eine Bergbesteigung sehr leicht in gemäßigten Zonen. Die Durchblutungsstörungen sind Folgen eines Unfalls in einer Gletscherspalte vor 45 Jahren.

Mir ist es Recht, dass wir uns beizeiten auf den Rückweg machen. Von den angeblichen sechs Stunden rauf und runter haben wir schon fast fünf Stunden hinter uns und sind noch immer ganz oben. Carlo stapft aus dem Nichts zu uns. Er war oben auf dem kleinen Pico. So mal eben. Naja, keine 30 Jahre alt ist er vermutlich. Ich rechne damit, dass der Abstieg wesentlich schneller geht als der Aufstieg. Aber dann passiert ganz schnell das Unglück: Ich knicke mit dem linken Sprunggelenk um und der Schmerz schießt durch mein Bein. Wegen möglicher Probleme hatte ich mir vor der Reise noch eine Spritze mit Fischgel ins Sprunggelenk verabreichen lassen. Die Wirkung scheint urplötzlich verpufft.

Der weitere Abstieg, der genauso kompliziert geht, wie der Aufstieg, gestaltet sich für mich zur beschwerlichen Tortur. Wieder tasten wir uns von Lavazunge zu Lavazunge. Cäcilie weist uns immer wieder an, mit der ganzen Fußfläche aufzutreten und nicht mit der Zehenspitze oder dem Vorderfuß. Spätestens hier begreife ich, dass ich auch noch die falschen Schuhe anhabe. Meine Bergschuhe sind knöchelhoch und haben eine feste Sohle mit Profil. Der Abstieg würde aber leichter fallen, wenn die Sohle flexibler wäre, wie die Schuhe meiner Mitbesteiger, die ich, wenn zwar nicht belächelt, aber als unzureichendes Schuhwerk gering geschätzt hatte. Mit ihren flexiblen Sohlen haben sie es viel leichter, sich den Wölbungen der Lavazungen anzupassen.

Ich bekomme Schmerzen. Nicht nur im Sprunggelenk, das durch die Steifigkeit des Schuhs in Bewegungen gedrängt wird, die ihm nicht gut tun. Auch meine mittleren Zehen rechts wie links scheinen sich beim Abstieg immer wieder zu überkreuzen. Das schmerzt höllisch. Ich habe Angst vor jedem Auftreten. Erst eine Woche später zuhause sehe ich, dass sich der vorletzte Zehennagel rechts dunkelblau verfärbt hat. Das war also Blut.

Cäcilie führt mich nun Schritt für Schritt. Ich halte den ganzen Zug auf. Später überholen mich einzelne und klettern auf Alternativrouten an mir vorbei. Cäcilia und ich treffen sie an den Markierungspflöcken wieder. Gut, dass die

Pflöcke da sind, denn man sieht beim Abwärtsweg nicht, was die eigentliche Richtung zum Berghaus sein könnte. Immer wieder müssen wir uns nach Links orientieren, weil wir zu weit nach Rechts abgedriftet sind.

Die Zeit rennt. Die angepeilten sechs Stunden für Auf- und Abstieg sind längst überschritten. Nach über sieben Stunden ist das Berghaus noch immer nicht in Sicht. Immer häufiger setze ich mich auf den Hosenboden, um einen tiefen Schritt leichter abfangen zu können. Die Schuhe. Ich wünschte, ich hätte meine Joggingschuhe an wie die anderen. Jedes Auftreten tut höllisch weh.

Es soll witzig klingen, als ich Cäcilia nach dem nächsten Hubschrauberplatz frage. Ich wäre bereit, 500 Euro auszugeben, wenn ich sofort abgeholt werden würde. Auch sie nimmt es als Scherz auf und wir tasten uns weiter. Ich ärgere mich, dass ich den ganzen Verein aufhalte. Sie sind alle so rücksichtsvoll mit mir. Es stinkt mir, denn ich haben den Ehrgeiz, so einen Berg talentvoll und mit Kondition nicht nur auf- sondern auch abzusteigen.

Mein Handy klingelt. Bernhard. Auf seine Frage, ob alles okay sei, antworte ich ehrlich. Nein. Es geht mir mies. Ich habe Schmerzen und weiß nicht, wie ich hier herunterkommen soll.

Ob er mich am Berghaus abholen soll? Nein, ich fahre mit der Gruppe zurück nach Madalena. Er tröstet mich und verschluckt das, was er sicher sagen wollte: Habe ich dir nicht abgeraten? Nein er sagt nichts. Ich verspreche, dass ich ihn anrufe, wenn er mich in Madalena abholen kann. Er schickt mir mitfühlende Worte. Ich kann nicht lügen. Es geht mir Scheiße und ich habe Angst vor jedem neuen Schritt nach unten.

Nach etwa acht Stunden sind wir am Berghaus. Selbst die letzten Schritte in der Horizontalen fallen mir schwer. Es sind nicht nur die Füße. Es sind auch die Knie, die unter mir schwabbeln und schmerzen. Ich würde mich am liebsten in einen Rollstuhl setzen und heimfahren lassen. Im Berghaus werde ich von meinen Mitläufern beglückwünscht, dass ich es doch noch geschafft habe. Wie peinlich. Ich bin doch die Sportskanone. Und dann so etwas.

Es bleibt keine Zeit, einen Drink an der Bar zu nehmen. Drei müssen die letzte Fähre nach Faial erreichen. Kleinlaut sitze ich hinten im Bus. Das hatte ich mir ganz anders vorgestellt. Unterwegs rufe ich Bernhard an, dass ich auf dem Weg nach Madalena bin und er mich am Parkplatz abholen könne, wo wir immer parken. Ich schleiche dorthin. Am liebsten würde ich mich auf den Bordstein setzen, aber ich mag nicht so gebrechlich für Bernhard aussehen. Also bleibe ich stehen und warte. Inzwischen schmerzen auch die Oberschenkel. Nach meinem Empfinden benötigt Bernhard besonders lang, bis er um die Kurve kommt. Ich strenge mich an, um meine Schmerzen nicht deutlich werden zu lassen. Ich sehne mich nach einer Tablette. In Wasser aufgelöst, damit sie schnell wirkt. Was für ein Tag. Ich hätte gut darauf verzichten können. Aber wenn ich es nicht getan hätte, würde ich sicher etwas vermissen und ihr nachtrauern: Der Ersteigung des Pico.

Abschied

Die Tage vergehen schnell, ohne dass wir irgendwo herumgelungert oder sie verplempert hätten. Fast täglich sind wir unterwegs, um da

mal zu essen oder um da mal einen Wein zu trinken. Pico ist Gott sei Dank nicht riesengroß, so dass selbst bei nur zehn Tagen Zeit für Muße bleibt und man trotzdem fast immer unterwegs ist. Unser liebster Platz ist eine Freiluft-Bar am Naturhafen von Madalena. Unter einem Sonnenschirm genießen wir den Pico-Wein und beobachten die Fähren nach Faial und São Jorge. Speziell São Jorge werden wir nicht sehen. Die Insel ist zwar schmal, aber zu lang für einen Tagesausflug ohne Auto. Eine eigene Welt, lesen wir im Reiseführer: Obstbaumkulturen, die wohl nördlichste Kaffeeplantage der Welt und schmale Küstenstreifen unterhalb steil abfallenden Wänden. Sicher schön zum Wandern; aber nicht für einen Tag mit Hin und Zurück.

Das Abschiedsessen bei Elke und Oli ist Chinesisch; das war uns klar. Elke, die so viele Jahre für Hongkongs Wirtschaft gearbeitet hat, beherrscht die Küche bravourös, so dass uns der Verzicht auf Fleisch nicht schwerfällt. Auch einen guten Wein gibt es dazu und wir verabreden uns für den nächsten Nachmittag, wo sie uns zum Flughafen bringen will.

Am Check-In dann die Überraschung. Wir stehen nicht auf der Passagierliste. Bedröppelte Gesichter. Doch dann entdeckt uns die SATA-

Bodenstewardess doch noch: in der Liste für den Flug am nächsten Tag. Wie das passieren konnte, lässt sich jetzt nicht mehr klären?

Elke telefoniert mit unserem „Hotel do Colegio" in Ponta Delgada, wo wir die Nacht bis zum Weiterflug nach Lissabon verbringen wollen. Ja, wir können auch einen Tag früher kommen. Die SATA-Fee findet noch zwei Plätze für heute; allerdings für je 50 Euro Zuschlag. Nun denn. Atschüss Elke, atschüss Pico. Den zusätzlichen Tag auf Ponta Delgada können wir nützen, um die letzte noch offene Sehenswürdigkeit zu besuchen: die Gentlemen Gardens. Uns Glücklichen schlägt keine Stunde.

Heimreise in Portionen

Flug nach Ponta Delgada. Der Pico schickt einen letzten Gruß durchs Bordfenster. So klar sah man den Gipfel mit dem kleinen Piquinho die ganze Zeit nicht. Wie eine Brustwarze hängt er etwas schief am Gipfel, der nun spitz aussieht, aber in Wirklichkeit ein Krater ist. Die Snacks an Bord sind wieder zu vergessen: labbriges Weißbrot mit irgendetwas dazwischen. Ich lasse es liegen und freue mich auf ein feines Fischgericht am Hafen.

Der Hinweis mit dem Taxi stimmte. Die Fahrt kostet glatt zehn Euro; das sei ein Einheitspreis vom Flughafen zu jedem Hotel in Ponta Delgada. Wir fühlen uns schon als Insider, als das Taxi zielstrebig hinunter in die Stadt fährt. Als die Kurverei durch unzählige Einbahnstraßen allerdings nicht aufhören will, erklären wir dem Taxifahrer noch einmal unser Ziel. Mit einem Lächeln stoppt er. „Hotel do Colegio", verkündet er stolz. Hinter einem recht unscheinbaren Eingang öffnet sich eine großzügige Hotelanlage, bei der auch ein Swimming-Pool nicht fehlt.

Das Hotel liegt in einer der vielen schmalen Straßen, nur wenige Querstraßen von der Hafenzeile entfernt. Das Zimmer hinter dicken Mauern bietet Komfort und Heimeligkeit. Der Ausblick geht auf die Straße, durch die sich kein Verkehr quält. Nur wenige Autos verirren sich in diese Gegend. Der Hauptverkehr der Stadt verläuft weiter unten am Hafen entlang.

Wir genießen das Badezimmer und vor allem die Toilette. Eine richtige Spültoilette. Wie bescheiden man werden kann, dass diese eingefleischte Selbstverständlichkeit nun wie Luxus auf uns wirkt. Eigentlich hätten wir ja nur eine Nacht hier verbringen müssen. Elkes Falsch-Rechnerei beschert uns einen ganzen zusätzlichen Tag, den wir den sogenannten Gentlemen-Gardens widmen wollen.

Wir schlendern schmale Straßen hinunter zum Hafen, vorbei am Rathaus und entlang der Promenade zum Kreuzfahrer-Anleger, den wir ja schon kennen. Ein Glas Wein. Ja, das gehört zum Ausspannen. Später ein leckeres Fischgericht in der Dämmerung. Da sich hier viele außerazorianische Touristen treffen, wird das Abendessen schon ab 19.00 Uhr gereicht.

Fisch, catch of the day, dazu Salat und die köstlichen weißfleischigen Kartoffeln, die nach Butter schmecken. Am Horizont dümpeln beleuchtete Yachten. Alle hochseetüchtig. Muss sein, mitten im Atlantik. Zwei Windjammer mit gerefften Segeln und bunten Lämpchen scheinen als Dekoration immer hier zu liegen. Eine romantische Aussicht, die zum lange Bleiben verführt. Noch ein Glas Wein? Der Ober fragt übereifrig, wie er uns noch verwöhnen kann. Dessert? Lieber nicht. Die azorianischen Desserts sind süß und gehaltvoll. Zum Beispiel Schokotorte am Abend. Mich kneift die Hose schon beim Gedanken.

Die Gentlemen Gardens

Reiche Landbesitzer, gentlemen farmers genannt, legten sich im 19. Jahrhundert riesige Parks an und brachten sich dazu exotische Bäume und Pflanzen aus aller Welt mit. Wie eine Art Wettstreit versuchten sie stets, den Nachbarn mit noch mehr Exotik und noch mehr Gigantismus zu übertrumpfen. Sie liegen nur wenige Gehminuten von unserem Hotel entfernt. Als erstes betreten wir den Jardim José do Canto. Gleich am Eingang weht uns ein sogenannter Neuseeländischer Weihnachtsbaum rote Blütenpuschel entgegen. Er ist riesig. In kleinerer Ausführung haben wir ihn mehrfach auf der Insel gesehen. Aber dies ist ein wahres Monster;

vermutlich 12 Meter hoch. José do Canto begegnen wir dann als Denkmal. Mehr als 3.000 Pflanzenarten und Sorten brachte er von seinen Reisen nach Frankreich und England mit. Er sammelte Bäume wie andere seltene Briefmarken. Später kamen Botaniker aus aller Welt, um ihrerseits Ableger und Samen von ihm zu erwerben. Was sehen wir nicht alles: einen Teebaum, Eukalyptus ebenfalls in Monstergröße, eine Kaurifichte, einen Bambuswald und als Höhepunkt der Palast des José do Canto, ein unvollendeter klassizistischer Bau. Davor ein 1845 gepflanzter Gummibaum, so hoch und breit wie ein Wäldchen, so dass seine Arme vielfach gestützt werden müssen. Gigantisch eben. Man bekommt ihn nicht auf ein Foto. Jeder Versuch zeigt nur ein Fragment. Wie soll man diese Ausmaße beschreiben? Aber es gibt

noch einen größeren im Nachbargarten.

Nur durch eine Mauer getrennt, aber mit separatem Eingang ebenfalls an der Rua José do Canto, die jetzt Rua Jacome Correia heißt, liegt der Eingang zum Nachbargarten, dem Jardim de Palacio de Sant'Ana. Im klassizistischen Palacio befindet sich der offizielle Sitz des Präsidenten der Azoren. Ein Rundgang führt zu einem großen See, an dessen Ufer sich Schild-

kröten sonnen. Sobald wir näher kommen, gleiten sie lautlos ins Wasser. Die in Mustern gestalteten Blumenbeete erwecken den Anschein, als würden wir auf schmalen Wegen durch einen bunt gemusterten Teppich laufen. Über dem See erstreckt sich ein vielfarbiger Rosenhain. Es sind eine Menge Gartenarbeiter unterwegs, die das Unkraut jäten. Wir essen auf einer Bank einen Apfel und genießen das Blumenbad für die Augen. Ja, so stellt man sich das Paradies vor.

Jetzt, Ende Juni, sind die Gewächshäuser, die in einer langen Zeile quer zum Park liegen, fast alle leer. Man kann sich vorstellen, wie sich die Überwinterungspflanzen im Frühjahr hier drängeln, bis sie wieder an die Luft dürfen.

Noch immer haben wir nicht genug und tasten uns mit dem Stadtplan eine Straße tiefer zum Jardim António Borges. Sein Eingang liegt etwas versteckt zwischen zweigeschossigen Wohnhäusern. António Borges war ein bedeutender Ananasproduzent und einer der ersten, die mit dem Ananasanbau begannen. Borges hatte mehr Gefallen an Palmen und legte daraus einen wahren Hain an. Unterhalb einer künstlich gestalteten Fels- und Grottenlandschaft finden wir den noch größeren Gummibaum, drei Mal so breit wie hoch. Höhepunkt ist eine Bougainvillea, über Jahrzehnte von der Hängepflanze zum Baum mit Stamm gezwungen. Einst sollte man von der Dachterrasse des Gartenhauses bis zum Meer sehen können. Heute ist aber alles zugewachsen.

Besonderer Höhepunkt ist eine Art Mammutbaum mit verschlungenen Wurzeln, die sich wie der Schwanz von einem Lindwurm wellenartig am Boden verteilen. Was ist nun Baum und was die Wurzel? So ein Wurzelmonster muss mindestens zehn Meter unter der Erde wohnen, um diesen riesigen Baum festhalten zu können. Ich weiß leider nicht mehr, in welchem der drei Parks dieses Naturwunder stand.

Die Parks gehen auf die Füße. Trotzdem quäle ich Bernhard, noch einmal zur Markthalle zu gehen, die beim ersten Versuch schon ge-

schlossen war. Der Mercado da Graça wurde schon 1848 errichtet. Wenigstens eine Ananas mitnehmen wollte ich. Und dann werden es gleich drei. Sie sind viel kleiner als die bei uns in Deutschland angeboten. Vielleicht wie eine große Pampelmuse. Und sie duften so stark wie die ganze Halle duftet. Schon fast penetrant. Drei Stück für fünf Euro. Die muss ich gut verpacken, damit sie heil zuhause ankommen. Der Fleischstand hat schon geschlossen. Käse könnte man noch kaufen; aber wir haben zwei Stücke von Pico mitgebracht. Von dort kommt eh der beste Käse. Die Füße. Die Füße.

Wir laufen zum Hotel und legen eine kleine Pause ein. Im Fernsehen läuft nur Portugiesisches. Muss ja nicht sein. Wir haben genügend Lektüre, um über diese herrlichen Parks nachzulesen, unsere Bilder auf der Digitalkamera zu betrachten und auch ein Schläfchen kann nicht schaden. Gegen Abend schlendern wir wieder durch schmale Gassen abwärts in Richtung Hafen. Ein Wirt mit Tischen und Stühlen auf der Straße macht uns Avancen. Die Speisekarte verspricht frischen Fisch, Sorten, deren Namen wir nicht kennen, aber was soll's. Kein einziges Mal – außer am ersten Tag in Lissabon – hatten wir schlecht gegessen. Trotzdem wollen wir erst noch einmal zum Hafen, so eine Art Abschied nehmen von dieser begeisternden Stadt mit ihren weißen Häusern mit braunen Renaissanceumrahmungen und -verzierungen, vom Forte de São Brás, der trutzigen Hafenfestung, die uns immer als gute Orientierung diente, um unser Auto an der langen Hafenzeile zu finden.

Wieder lassen wir uns zu einem Glas Rotwein

am Kreuzfahreranleger nieder und schauen den plantschenden Menschen zu, die ihren Feierabend mit Schwimmen und in der Sonne liegen genießen. Unser letzter Tag auf den Azoren geht zu Ende. Unsere Erinnerungen schweifen zurück, an die Suche nach der Ananasplantage, an die Dschungel-Badewanne mitten im Wald, an den Pico-Aufstieg, an das Konzert in der

Grotte, an Elke und Oli und an die winzigen rosa Eisbegonien auf der Steintreppe hinunter zu unserem Gartenbad.

Hunger. Wir erinnern uns an den Wirt in der Seitengasse. Warum nicht einmal abseits der Touristenströme? Noch sind Plätze frei und er wirkt hell begeistert, dass wir unser Halbversprechen, auf dem Heimweg nochmal reinzuschauen, wahrgemacht haben. Und als wir dann richtig bestellen, tanzt er fast um uns herum. Es ist sicher nicht so einfach, gegen die vielen Restaurants am Hafen zu bestehen. Ein weiteres Paar lässt sich am Nachbartisch nieder. Bald beginnt ein Schwätzchen und nachdem wir vier unsere Teller leergegessen haben, rücken wir die Tische zusammen und quatschen bis es dunkel wird. Sie kommen aus dem Stuttgarter Raum und machen einen Portugal-Trip mit dem Auto, ab Porto immer die Küste entlang und dann über Madeira auf die Azoren. Wir erzählen uns gegenseitig unsere Erlebnisse und Stationen und tauschen am Ende natürlich Visitenkarten aus. Ich weiß noch genau, dass ich ihnen von Deutschland aus eine Borreliose-Zeitschrift geschickt hatte, weil sie, die Frau, damit wohl Malheur hatte. Wir haben nie ein Danke oder eine Antwort erhalten. So sind halt die Leut'.

Zurück nach Lissabon

Ein früher Flieger bringt uns nach Lissabon. Freilich gibt es auch Direktflüge nach Frankfurt, aber anscheinend so versteckt, dass wir sie bei den Reisevorbereitungen nicht gefunden haben. Vermutlich waren es aber auch teure Lufthansa-Maschinen, die uns der dicke Käpt'n

Kalli auf der Plattform flüge.de (siehe Anfang) nicht finden lassen wollte. Wir suchten ja auch den günstigsten Flug. Nun also nochmals Zwischenstopp in Lissabon, was für uns kein Problem ist; erstens haben wir Zeit, zweitens gibt Lissabon viel zu besichtigen, was wir beide noch nicht kennen. Zum Beispiel das

Oceanário

Es ist das zweitgrößte Meeresaquarium der Welt, das größte Europas. Wie ein Flugzeugträger auf Betonstelzen liegt es am Ufer des Rio Tejo, vom Flughafen ganz leicht zu erreichen mit der Roten Linie (Linha Vermelha) der Metro und dann die dritte Halte Oriente. Durch eine Einkaufspassage und auf einem Uferweg mit Bänken erreichen wir über eine Pier das Gebäude. Den ursprünglichen Bau

gibt es bereits seit 1996. Das Gelände heißt „Park der Nationen" und rückte anlässlich der Expo 98 erstmals in den Focus der Öffentlichkeit. Schon damals war das Meeresaquarium die Hauptattraktion. Seit der Expo 2008 umrunden vier Stockwerke ein gigantisches Mee-

resaquarium und ermöglichen von jeder Etage einen anderen tiefen Blick durch 30 Zentimeter dicke Glasscheiben. Das Hauptbecken umfasst 5000 Kubikmeter Wasser für Meeresbewohner aus aller Welt. Haie, riesige Mondfische, Riesenbarsche, Thunfische, Rochen, Sardinenschwärme. Es verschlägt einem den Atem, wenn so ein Riesenfisch auf die Scheibe losschwimmt und dann eher gelangweilt abdreht. Wie winzig stehen wir davor und blicken den Giganten ins Auge. Ob sie uns sehen?

Kleinere Aquarien in den Ecken um das Hauptbassin bilden die Heimat weiterer Bewohner der Weltmeere ab: die Antarktis mit Pinguinen, ein Mangrovenwald, künstliche Gletscher. Freilich sind viele Kinder mit ihren Eltern hier, auch ein paar Schulklassen. Selbst die an Smartphone-Spiele gewöhnten Kiddies sind fasziniert.

Auf dem Weg zur Metro-Station kehren wir ein. Es ist eine Art Terrassen-Restaurant inmitten von Baumgruppen, Bambus, Zyperngras und hohen Sträuchern auf dem Dach der Einkaufspassage, über die wir gekommen sind. Hier wollen wir unsere letzte warme Mahlzeit im Land so lecker wie möglich einnehmen. Auf der Speisekarte lockt uns wie fast immer Fisch. Mangels Portugiesisch-Kenntnissen gehen wir nach den schönsten Namen. Sie schmecken alle köstlich. Portugiesen kochen wunderbar, wenn sie es nicht unbedingt auf Italienisch versuchen, wie unser Flop am Anreisetag. Vergessen. Wir stoßen an auf unsere erlebnisreiche Reise. Sicher kein Urlaub, wie ihn sich die meisten Menschen vorstellen. Schon jetzt ist uns bewusst, dass sich diese Reise nicht mit „schön", „wunderbar" oder sonst einem typischen Ausdruck beschreiben lässt. Aber an ein Büchlein wie dieses denken wir zu diesem Zeitpunkt nicht. So oft waren wir unterwegs unter dem Druck, danach etwas Verkäufliches schreiben zu können, zu müssen. Dies war alleine unsere Reise.

Zum Flughafen

Unser Gepäck ist seit São Miguel bereits durchgecheckt nach Frankfurt. Also keine Eile. Die Metro bringt uns schnell in den Norden. Ein bisschen Zeit bleibt noch. Wir entschließen uns zu einem letzten Glas Wein und schlendern dann zum Gate. Aha, das Boarding wurde an ein anderes Gate verlegt. Wir setzen uns hin und wundern uns, dass außer uns niemand da sitzt. Sind wir die einzigen Fluggäste? Wir warten, gehen abwechselnd zur Toilette und warten. Wir erkundigen uns am Serviceschalter und der schickt uns zu einem anderen Gate.

Auch hier sitzen wir nahezu alleine. Nach einer Weile fragt uns eine junge Dame: Heißen Sie zufällig Siegmund und Fischer? Wir: Ja. Antwort: Sie wurden schon ausgerufen. Wir hatten nichts gehört. Am nächsten Infostand erfahren wir, dass unser Flieger weg ist. Es ist uns ein Rätsel. Aber es kann nur so sein, dass wir die Zeitverschiebung zwischen São Miguel und Lissabon nicht richtig an unseren Uhren korrigiert haben, obwohl sie jetzt mit der Flughafenzeit exakt übereinstimmt.

Wir sehen uns an. Zum Grinsen fehlt uns im Moment der Humor. Dabei hatten wir uns schon so auf Zuhause gefreut. Mist. Am SATA-Schalter erfahren wir, dass die nächste Maschine nach Frankfurt erst in 24 Stunden fliegt. Aber wir sollten es mal bei Lufthansa versuchen; da fliege heute noch eine Maschine. Also los. Ja, man habe noch zwei Plätze: pro Person rund 700 Euro. Wir schauen uns wieder an und jeder ahnt vom anderen, dass wir das nicht machen werden. Wir sind sauer auf uns und bemühen uns, es den andern nicht sehen zu lassen. Was nun? Zähneknirschend buchen wir zwei neue Flüge mit SATA am nächsten Tag, das heißt morgen Abend. Auch die kosten 500 Euro für beide. Wieder Lehrgeld. Aber was soll's. Irgendwie müssen wir nach Hause.

Unser Gepäck ist natürlich hier geblieben. Gottseidank. Lange Wege im Flughafen sind zu gehen, bis wir an den richtigen Schalter geraten. Problem wird verstanden. Man wird sich darum kümmern. Wir sollen an einem bestimmten Gepäckband warten; da käme es. Wieder vergeht eine halbe Stunde. Dann springt das Band an und unsere beiden Trolleys mit den charakteristischen Türkis-Kordeln fahren heran; fast majestätisch, weil das Band für sie extra angeworfen wurde.

Was machen wir die nächsten 24 Stunden? Wir fragen an der Touristinformation, ob es in der Nähe des Flughafens preiswerte Übernachtungsmöglichkeiten gebe. Gibt es. Unsere Sorge, jetzt noch ein Mehrfaches des Fluges ausgeben zu müssen, erledigt sich. Speziell für Leute wie uns gibt es in Laufweite ein Hotel. 60 Euro die Nacht; naja. Das schaffen wir auch noch, ohne uns mit Groll zu beladen.

Die Wegbeschreibung ist missverständlich. Wir rollern unsere Trolleys über eine Sandpiste entlang einer vielbefahrenen Autostraße. Von Hotel weit und breit nichts zu sehen. Wir fragen, werden weitergeschickt, fragen noch an einer Tankstelle und sehen dann auf der gegenüberliegenden Seite das Haus. Hotel Terminus.

Es ist klein und liegt in einem Eukalyptushain.

Das Zimmer ist ordentlich. Die Hotelwirtin macht einen freundlichen Eindruck, spricht leidlich Englisch und drei Worte Deutsch. Ja, hier übernachten häufig Gestrandete vom Flughafen.

Wie bringen wir diesen Abend herum, ohne uns gegenseitig zu langweilen? Vor allem, wie finden wir unseren Humor wieder? Der Fernseher im Zimmer geht nicht. Gegessen haben wir eh schon. Das Hotel bietet sowieso nur Frühstück. Aber es hat eine Bar. Inzwischen ist es sowieso fast 21 Uhr. Wir bestellen eine Flasche Rotwein und erfahren, dass dies die letzte Flasche Wein überhaupt sei, die sie haben. Sie wird uns reichen. Bernhard spielt an seinem Laptop und findet die ARD mit Tagesschauen aus den letzten Tagen. Prima. Wir waren schon lange nicht mehr auf dem neusten Nachrichtenstand. So kuscheln wir uns in der Bar zusammen vor dem kleinen Monitor und gucken ausnahmsweise mal wieder Fernsehen.

Wir schlafen gut. Gegen Morgen verstehen wir dann, warum das Zimmer sehr preiswert ist: Das Hotel liegt direkt in der Abflugschneise. Als es gebaut wurde, starteten und landeten die Maschinen in einer anderen Richtung. So what! Wir frühstücken das sparsame portugiesische Frühstück mit Blätterteigteilchen und Tee.

Schon am Vorabend hatte ich in meinem Uralt-Polyglott-Reiseführer, den ich aus unerfindlichen Gründen dabei hatte, nach einem lohnenden Zeitvertreib für den letzten Tag gesucht: der Zoo im Stadtteil São Domingos de Benfica. Im Jahrgang 1988 steht: dass er zu den traurigen Exemplaren gehöre, die zwar auf hübsch hügeligem Terrain angelegt seien, aber die Gehege seien so beengt, dass man eher an ein Tiergefängnis denken würde, als an einen Tiergarten.

Wir hoffen, dass sich in der Zwischenzeit – immerhin 25 Jahre – einiges getan hat und machen uns wieder mit den Trolleys auf die Piste zum Flughafen. Einchecken geht noch nicht; also in die Gepäckaufbewahrung, die es Gottseidank – in Boston zum Beispiel aus Sicherheitsgründen nicht – gibt. Und dann auf ein Neues mit der roten Metro bis São Sebastião, umsteigen in die blaue Linie und zwei Stationen zum Jardim Zoológico. Wieder fällt uns auf, dass jüngere Leute für uns unverzüglich aufstehen und ihren Platz anbieten. Sehen wir so gebrechlich aus? Läuft ein Wettbewerb für Hilfsbereitschaft? Obwohl es mir widerstrebt, setze ich mich auf den angebotenen Platz und lächle dankbar

Der Zoologische Garten

Er ist einer der größten Portugals und auch der erste (1883) seiner Art auf der iberischen Halbinsel. Durch seine portugiesischen Kolonien konnte er innerhalb weniger Jahre einen der bedeutendsten Tierbestände seiner Zeit aufbauen. Heute besitzt er rund 2000 Tiere, darunter 114 Säugetier-Arten und 157 Vogelar-

ten, insgesamt 360 verschiedene Spezies. Der Eingang macht bereits einen repräsentativen Eindruck. Er liegt zwischen zwei niedrigen weißen Rundtürmen mit Pickelhauben-Dächern.

Die Beschilderung ist gut. Einige Schulklassen sind unterwegs. Es gibt die üblichen Schauhäuser und Käfige für Affen, Löwen, Tiger, Bären,

Zebras, ein weißes Nashorn, Krokodile, ein Reptilienhaus, zum Teil frei fliegende Vögel, farbenprächtige Papageien und öffentliche Fütterungen und Vorführungen zum Beispiel mit Schlangen, Pelikanen, Seelöwen und Delfinen. Überall werden kleine Snacks angeboten. Es gibt auch einige Restaurants mit Außenbereich. Ja, hier lässt sich ein sonniger Junitag genüss-

lich verbringen. Zum Abschluss besteigen wir noch eine Seilbahn mit offenen Kabinen, die uns über das gesamte Terrain fährt und den Zoo von oben zeigt.

Es zieht uns wieder zum Flughafen. Wir wollen nach Hause. Und dieses Mal ganz bestimmt. Wieder nehmen wir eine letzte Hauptmahlzeit ein und machen Scherze über unsere unfreiwillige Verlängerung und dass wir die doch genüsslich gemeistert hätten. Der Zoo war ja wirklich ganz schön; das Wetter auch. Und nun also noch etwas Nettes essen und trinken.

Schon früh rekeln wir uns am Gate. Deutsche Zeitungen? Fehlanzeige. Aber wir haben keinen Engpass, uns gegenseitig zu unterhalten. Die Idee für dieses Büchlein ist da schon geboren. Wir hatten so vieles erlebt, das man irgendwie mit mehr als ein paar Worten beschreiben müsste. Das war kein üblicher Urlaub; das war eine richtige Entdeckungsreise, nicht vorprogrammiert wie so viele unserer beruflichen Reisen, sondern spontan, neugierig und mit vielen Momenten der Improvisation. Ein echtes Erlebnis, auf das wir nicht vorbereitet waren. Gut so. Was hätten wir sonst alles versäumt?

Der Flug nach Frankfurt verläuft ohne Auffälligkeiten. Nur ich sitze gebeugt über meinen Schreibblock, um einige Dinge festzuhalten, die in Vergessenheit geraten könnten. Als wir in Frankfurt landen, existieren immerhin 24 Seiten handgeschriebener Text, Kurzbeschreibungen, die bis zur Ananasplantage reichen; trotzdem ein jämmerlicher chronistischer Versuch, möglichst viele Eindrücke stichwortartig festzuhalten. Ich verlasse mich auf unsere Fotos. Es sind ein paar Hundert und sie werden uns die Eindrücke zurückbringen, die wir beschreiben wollen.

Als alle ihre Koffer vom Gepäckband geholt haben, stehe ich noch immer mit leeren Händen da. Wo ist mein Trolley? Wertvoll sah er wirklich nicht aus. Eben ALDI. Dazu war gleich auf dem ersten Flug das Typenschild abgefetzt worden; also ein ramponiertes benütztes Stück, das wohl keiner klaut. Zum Schalter „Lost and Found". Es wird eine Vermisstenanzeige ausgefüllt. Ich werde beschwichtigt, dass man 95 Prozent aller Gepäckstücke wiederfinde. Ich habe keine Wertsachen drin. Allenfalls die Souvenirs – frische Ananas, ein Stück Ananas-Seife, ein kleines Fläschchen Ananas-Likör, ein T-Shirt für Enkel Hieronymus – sonst nur Klamotten, die sich ersetzen lassen. Schmuck sowieso nicht. Auch kein Geld. Aber eben Kosmetiksachen, die in meinem Alter schon ein bisschen mehr kosten als Discounterware. Alle Wertsachen befinden sich in meinem Rucksack und den hatte ich immer auf dem Rücken. Wir fahren nach Hause.

Alles ist in Ordnung. Kein Einbruch. Alle Pflanzen bewässert. Lediglich meine langjährigen Orchideen, die ich zur leichteren Pflege alle in den Wintergarten gestellt hatte, sehen irgendwie verkocht aus. Es war hier wohl ziemlich heiß gewesen. Ein bisschen Schwund ist immer.

Auf die ersten Fragen der Nachbarn und Kinder nach dem „Wie war's" antworten wir wahrheitsgemäß, dass man den Erlebnisgehalt dieser Reise nicht mit wenigen Worten erklären könnte und dass wir unsere Erlebnisse in der Art eines Büchleins schreiben würden. Die Fluggesellschaft ruft mehrmals an, dass man mir meinen Koffer zustellen würde, sobald er gefunden sei. Im Stillen habe ich ihn abgeschrieben.

Nachspiel

Zwei Tage später. Sonntagmorgen. Jemand klingelt an der Haustür. Durch die Glasscheiben sehe ich die Konturen eines dunkel gekleideten kleinen Herrn. Nichtsahnend öffne ich. Der penetrante Ananasgeruch, der mir entgegenschlägt, sagt mehr als tausend Worte.